The Unnecessary victory

Anton Pavlovich Chekhov

Ненужная победа

Антон Павлович Чехов

The Unnecessary victory

ISNB: 978-1-61895-241-7

ISNB: 978-1-61895-241-7

НЕНУЖНАЯ ПОБЕДА

(Рассказ)

Глава I

Солнце было на полдороге к западу, когда Цвибуш и Илька Собачьи Зубки свернули с большой дороги и направились к саду графов Гольдаугенов. Было жарко и душно.

В июне венгерская степь дает себя знать. Земля трескается, и дорога обращается в реку, в которой вместо воды волнуется серая пыль. Ветер, если он и есть, горяч и сушит кожу. В воздухе тишина от утра до вечера. Тишина эта наводит на путника тоску. Один только роскошные, всему свету известные, венгерские сады и виноградники не блекнут, не желтеют и не сохнут под жгучими лучами степного солнца. Они, разбросанные рукою культурного человека по сторонам многочисленных рек и речек, от ранней весны до средины осени щеголяют своею зеленью, манят к себе прохожего и служат убежищем всего живого, бегущего от солнца. В них царят тень, прохлада и чудный воздух.

Цвибуш и Илька пошли по длинной аллее. Эта аллея была кратчайшее расстояние между калиткой, выходящей в степь, и калиткой, глядящей в графский сад. Она пересекала сад на две равные части.

— Эта аллея напоминает мне линейку, которой во время оно, в школе, хлопали твоего отца по рукам, — сказал Цвибуш, стараясь увидеть конец аллеи. Конец ее пропадал и сливался с зеленою далью. Солнце не касалось ее. Она была шириною не более сажени, а деревья, стоящие по ее сторонам, посылали свои ветви навстречу друг другу. Это был туннель, устроенный природой из масличных, дубовых, липовых и ольховых ветвей. Цвибуш и Илька вошли как под крышу. Толстый и коротконогий Цвибуш обливался потом. Лицо его было багрово, как вареная свекла. Он то и дело утирал полой короткой куртки свой влажный подбородок. Он пыхтел и сопел, как плохо смазанный молотильный паровик.

— Это — божественная прохлада, мой зяблик! — бормотал он, расстегивая своими жирными пальцами жилетку и сорочку. — Клянусь моей скрипкой. Не находишь ли ты, что мы из ада попали в рай?

Лицо Ильки было не бледней ее розовых губок. На ее большом лбу и горбинке носа светились капельки пота. Бедная девочка страшно утомилась и едва держалась на ногах. Ремень от арфы давил ей плечо, а острый край неделикатно ерзал по боку. Тень заставила ее несколько раз улыбнуться и глубже вздохнуть. Она сняла башмаки и пошла босиком. Маленькие красивые босые ноги с удовольствием зашлепали по холодному песку.

— Не посидеть ли нам? — предложил Цвибуш. — Аллея длинна, как язык старой девки. Она тянется версты на три!

— Нет, папа! Если мы сядем, то трудно будет потом вставать. Лучше дойдем до конца и там уже отдохнем.

— Так... Сегодня, мой зяблик, день твоего рождения. Что-то подарит тебе судьба, какой подарочек?

— Я желала бы, чтобы судьба подарила мне сегодня обед...

— Ишь, чего захотела! Ха-ха! Много захотела! А не жирно ли будет, моя девочка? Не хочешь ли еще и поужинать?

— Давно уж я не ела ничего горячего... Ты не можешь вообразить себе, папа, как у меня пересохло в горле от сухого хлеба и копченой колбасы! Если бы судьба предложила

2

сегодня мне в подарок что-нибудь на выбор: десять лет лишних жизни или чашку бульона, — я, не задумываясь, выбрала бы второе.

— И отлично бы сделала. Самый плохой бульон во много раз лучше нашей дурацкой жизни.

— Я выбрала бы второе и съела бы, и с каким аппетитом! Мне ужасно есть хочется.

Цвибуш с участием поглядел на Ильку, вздохнул и издал своими толстыми губами свистящий звук. Он всегда издавал отрывистые свистящие звуки, когда его что-нибудь тревожило или заставляло задумываться. Помолчав немного, он обратил на Ильку свои густые отвисшие брови, из-за которых выглядывали улыбающиеся глаза, и сказал:

— Ну подожди, потерпи... Я предчувствую, что подарок, который поднесет тебе сегодня судьба, будет достоин нашего внимания... Хе-хе... Я предчувствую, что мы недаром плетемся ко двору благородных графов Гольдаугенов! Хе-хе... Когда мы войдем во двор и заиграем, нас засыпят презренным металлом. Мы набьем наши карманы монетой. Ильку угостят обедом... Хе-хе... Мечтай, Илька! Чего не бывает на свете? Авось всё, что я говорю, правда!

Илька поправила на плече ремень от арфы и засмеялась.

— Нас послушает сам граф! — продолжал Цвибуш. — И вдруг, душа моя, ему, графу, залезет в голову мысль, что нас не следует гнать со двора! И вдруг Гольдауген послушает тебя, улыбнется... А если он пьян, то, клянусь тебе моею скрипкой, он бросит к твоим ногам золотую монету! Золотую! Хе-хе-хе. И вдруг, на наше счастье, он сидит теперь у окна и пьян, как сорок тысяч братьев! Золотая монета принадлежит тебе, Илька! Хо-хо-хо...

— Почему же непременно пьяный? — спросила Илька.

— Потому, что пьяный добрей и умней трезвого. Пьяный больше любит музыку, чем трезвый. О, моя сладкоголосая

3

квинта! Не будь на этом свете пьяных, недалеко бы ушло искусство! Молись же, чтобы те, которые будут нас слушать, были пьяны!

Илька задумалась. Да, Цвибуш немножко прав! До сих пор монеты бросали ей большею частью одни пьяные. Не будь пьяных, ей и ее отцу пришлось бы голодать чаще, много чаще. Играть им чаще всего приходилось у трактиров и у кабаков, а не перед чистенькими крылечками трезвых бюргеров. Слушали их больше мужчины, отличительною чертою которых служат обрюзгшее лицо, большой красный нос и бессвязные пошлые слова. Илька задумалась на эту невеселую тему, и ей стало горько, досадно. Ей стало понятно теперь, почему на козлиное пение и пошлые шуточки ее отца обращается больше внимания, чем на ее песни, — почему очень часто просят ее пение заменить пляской. Нередко песня ее прерывалась на середине и заменялась бессмысленной пляской под визжанье отцовой скрипки. До сих пор еще ни один слушатель не поинтересовался узнать, кто сочинил те песни, которые она поет с таким чувством. «Песня о трех рыцарях» и бессодержательная плясовая выслушивались с одинаковым интересом.

— Трезвые презирают нас с тобой, потому что видят в нас попрошаек, а пьяные допускают нас к себе, потому что мы своей музыкой заглушаем несколько их головную боль.

Этими словами Цвибуш довел досадующую Ильку до уныния. Ей захотелось заплакать и поломать себе что-нибудь... хоть пальцы, например. Но не ломаются, пальцы, как ни крути и ни верти их; пришлось ограничиться одними только слезами.

— Приветствую дом почтенных графов Гольдаугенов! — пробормотал Цвибуш.

Он увидел калитку, сотканную из тонкой проволоки, увитой цветущим горошком.

4

— Приветствую! Человек, не имеющий предков, вступает в логовище людей, имеющих предков, предков-негодяев! Лучше ничто, чем подлое! В семнадцатом столетии граф Карл Гольдауген, женившись не на дворянке, умер от угрызения совести, а его брат, Мориц, плясал целый месяц от радости после того, как святой отец разрешил ему развестись с женщиной, которую он, Мориц, обокрал и вогнал в чахотку. Видишь ты, моя птичка, этот дом? Если бы можно было тебе раскрыть историю этого дома и взглянуть в нее, ты воскликнула бы: «Скотина человек!» — и ты, не знающая ни одного скверного слова, выбранилась бы так, как бранятся... разве одни только русские! Помнишь, милая, русских? Их слово так же крепко, как и их холод. Да будут наши инструменты настроены!

Цвибуш настроил скрипку. Илька фартуком отерла с арфы пыль.

— Судьба, делаем тебе вызов! Поднимай несуществующую перчатку!

Цвибуш и Илька вытянулись, приняли веселые физиономии и молодцами вошли в графский двор. Несмотря на жаркое время двор не был пуст. На нем кипели работы. Человек двадцать рабочих в синих блузах, запыленные, закопченные и вспотевшие, мостили асфальтом двор. Из трех чанов валил сизый дым.

Цвибуш и Илька бойко подошли к самому дому. Окинув взглядом окна, они увидели в самом большом окне большую человеческую физиономию... Физиономия была красна.

— Граф! — пробормотал Цвибуш. — Кажется, он! Сбывается мое пророчество! И пьян к тому же... Начинай!

Илька ударила по арфе. Цвибуш топнул ногой и поднес к подбородку скрипку. Рабочие, услышав музыку, обернулись. Красная физиономия в окне открыла глаза, нахмурилась и поднялась выше. Позади красной рожи мелькнуло женское лицо, мелькнули руки... Окно распахнулось...

5

— Назад, назад! — послышалось с окна. — Прочь со двора! Вы! Музыканты, чтобы чёрт вас взял с вашей музыкой!

Красная физиономия высунулась из окна и замахала рукой.

— Играйте, играйте! — закричал женский голос.

Рабочие оставили работу и, почесываясь, подошли к музыкантам. Они стали впереди, чтобы им было видно лицо Ильки.

«Есть на свете много стран, — запела Илька, перебирая пальцами струны, — прекрасных, и светлых, как солнце, и богатых; и лучше же их всех Венгрия с своими садами, пастбищами, климатом, вином и быками, которые имеют рога в сажень длиною. Илька любит эту страну. Она любит и людей, которые ее населяют».

Красная физиономия улыбнулась и маслеными глазками уставилась на Ильку.

«Люди ее хороши, — продолжала петь Илька. — Они красивы, храбры, имеют красивых жен. Нет тех людей, которые могли бы победить их на войне или в словесных спорах. Народы завидуют им. Один только и есть у них недостаток: они не знают песни. Песнь их жалка и ничтожна. Она не имеет задора. Звуки ее заставляют жалеть о Венгрии...»

— Господин Пихтерштай, главный управляющий его сиятельства, приказывает вам спеть что-нибудь повеселей! — пробасил подошедший к Ильке лакей в красной куртке.

Голос Ильки умолк. Девочке не удалось высказать до конца свою мысль.

— Повеселей? Гм... Скажите его сиятельству господину Пихтерштай, что его желание будет тщательно исполнено! Впрочем, я сам буду иметь честь объясняться с ним!

Сказавши это, Цвибуш снял шляпу, подошел к большому окну и шаркнул ногой.

— Вы приказываете, — спросил он, почтительно улыбаясь, — спеть что-нибудь повеселей?

— Да.

— Не прикажете ли спеть песню дипломатическую? Собственного моего сочинения! Эта песня решает один из существенных европейских, первой важности, вопросов. Вы имеете честь быть мадьяром, ваша светлость?

Красная физиономия выпустила из себя столб табачного дыма и милостиво кивнула губами.

— Приглашаю господ патриотов внимать! Могу ли я поручиться, господа, за скромность? Нет ли между вами...

Цвибуш окинул глазами рабочих. Те закивали головами и, заинтересованные, подошли ближе.

«Что такое Австрия? — запел козлиным голосом Цвибуш. — Люди политики, князья земли, скажите мне, что такое Австрия? Не есть ли это винегрет, который готовы проглотить жадные соседи? Да, они проглотили бы, если бы в этом винегрете не было золотого ерша, которым можно подавиться. Этот ерш — Венгрия».

— Браво, браво! — забормотал толстяк.

«Австрия есть птица, выкрашенная во сто цветов! — продолжал петь Цвибуш. — Она состоит из сотни членов. У нее много ног, много крыльев, много желудков, но голова только одна. Эта голова — Венгрия. Нападет зверь на птицу, проглотит все члены, но не раскусить ему черепа! Череп плотен, как слоновая кость».

— Браво, браво!

«Есть язык французский, есть немецкий, есть русский, есть венгерский. Богатству венгерского языка удивляются все мудрецы. Поезжайте же, пожалуйста, в Вену и спросите: где живет тот сфинкс, который говорит по-австрийски?»

— Браво, браво! На тебе!

Крупная серебряная монета, сверкая, слетела с окна и со звоном покатилась к ногам Цвибуша. Другая такая же монета ударилась о башмак Ильки. Цвибуш поднял монету и закричал:

7

— Тысячу благодарностей! Пойду и выпью за здоровье вашей чести! Буду пить и, клянусь своей толстой мордой, не буду дышать! За ваше здоровье я буду пить двумя горлами: обыкновенным и дыхательным! Не до дыхания будет!

Цвибуш взмахнул шляпой. В это время в окне случилось нечто неожиданное. Красная физиономия побагровела, девушка вскрикнула, и окно внезапно захлопнулось. Рабочие попятились назад и вытянулись в струнку. Цвибуш махнул шляпой назад и почувствовал за шляпой некоторое препятствие. Он оглянулся и присел. Около него стояла на дыбах, испуганная неделикатной шляпой, красивая вороная лошадь. На лошади сидела высокая, стройная, известная всей Венгрии красавица, жена графа Гольдаугена, урожденная баронесса фон Гейленштраль. Цвибуш увидел пред собой красивейшую женщину, полную красоты, молодости, достоинства и... гнева. Она усмирила лошадь и, бледная, дрожащая от гнева, пуская глазами молнии, взмахнула хлыстом.

— Негодяй! — прошептала она и чуть не слетела с седла, когда Цвибуш, оглушенный ударом, покачнулся и, падая на землю, своим большим, плотным телом ударился о передние ноги вороной лошади. Он не мог не упасть.

Удар пришелся по виску, щеке и верхней губе. Графиня била изо всей силы.

Другое женское лицо, лицо гётевской Гретхен и Ильки, окаймленное миллиардами белокурых волос, прекрасное и молодое, исказилось гневом и невыразимым отчаянием. Оно побледнело, искривилось... По нем пробежали судороги. Илька оскалила по-собачьи свои белые зубы, сделала шаг вперед и, не найдя на земле камня, пустила в графиню Гольдауген серебряной монетой. Монета коснулась только вьющейся по ветру вуали и полетела к дому. Наступило странное, тяжелое молчание. Графиня и белокурая головка впились друг в друга глазами. Молчание длилось минуту.

Графиня подняла хлыст, но, увидев бледное, несчастное, искаженное лицо, опустила медленно руку и медленно поехала к дому. Подъехав к крыльцу, она два раза оглянулась.

— Пусть они уйдут! — крикнула она.

Цвибуш поднялся, отряхнул пыль и, улыбаясь сквозь кровь, струившуюся по лицу, подошел к окаменевшей Ильке.

— Ты удивляешься, мой друг? — заговорил он. — Хо-хо! Твоего отца побили? Не удивляйся! Его побили не в первый, а в сорок первый раз! Пора привыкнуть!

Илька схватила отца за руку и, дрожа всем телом, припала к нему.

— О, как я счастлив!— заговорил Цвибуш, стараясь, чтобы кровь с его лица не капала на голову Ильки. — Как я счастлив! Как мне благодарить ее сиятельство! Моя скрипка цела! Я не раздавил своей скрипки!

И, схватив в одну руку арфу, а другой обхватив плечи Ильки, Цвибуш быстро зашагал обратно к аллее.

Глава II

В ту самую минуту, когда покажется конец аллеи, выходящей в степь, нужно начать считать на левой стороне буковые деревья. Между восьмым и девятым буком опытный глаз может заметить следы когда-то существовавшей, а теперь заброшенной тропинки. Эта тропинка вьется змейкой к часовне, около которой можно найти воду. Цвибуш знал о существовании этой тропинки. Он сосчитал восемь и повернул влево. Илька последовала за ним. Им пришлось продираться сквозь густую чащу репейника, дикой конопли, болиголова и крапивы. Крапива безжалостно кусала им руки, шеи и лица, а тяжелый запах конопли и болиголова не давал им дышать. Плечи Цвибуша и Ильки покрылись паутиной. В

9

паутине карабкались и путались паучки, большие мухи и кузнечики. Большие пауки делали непривычные salto mortale с их плеч на траву. Нашим путникам пришлось нарушить покой тысячам жизней.

Часовня стояла на поляне, поросшей высокой травой, на четвертичасовом расстоянии от аллеи. Это была робко высившаяся над травой, облупившаяся, поросшая мохом, лебедой и плющом церковочка. На порыжевшей от солнца, конусообразной гладкой крыше стоял высокий бронзовый крест. Этот крест и служил путеводной звездой для Цвибуша.

— Если ручей высох, — сказал Цвибуш, — то подарок судьбы будет много злее подарка, который поднесла нам ее сиятельство. Мои внутренности сухи, как пергамент.

Но ручей не высох. Когда Цвибуш и Илька подошли к часовне и сняли с своих плеч паутину, на них пахнуло свежестью и послышалось журчанье. Цвибуш широко улыбнулся, положил арфу и скрипку на ступени часовни и быстро зашагал вокруг часовни, описывая своими короткими ногами спираль.

— Журчит... но в какой стороне, черт возьми? — захохотал он. — Ручей, где ты? Куда идти к тебе? О, память дурацкая! Пил из тебя раза два, ручей, и, неблагодарный, забыл, где ты! Узнаю в себе человека! Мы не забываем ничего, кроме наших благодетелей! О, люди! Ха-Ха...

Илька, обладавшая более тонким слухом, могла бы указать, в какой стороне шумит ручей, если бы не то страшное оскорбление, которое так недавно нанесли ее старому и, по ее мнению, больному отцу. Она машинально следовала за шагавшим отцом, ничего не видя, не слыша и не понимая. Ей было не до утомления и не до жажды. Всё уступало место сильному, молодому, справедливому гневу. Она шла, глядела в землю и кусала верхнюю губу.

Глухой на одно ухо. Цвибуш описывал спираль до тех пор, пока по набрел на такое место, где уже ясно слышалось сердитое ворчанье и где под ногами чувствовалась мягкая, влажная земля.

— Ручей должен быть под липами! — сказал Цвибуш. — Вот она, одна липа! А где же еще две? Их было ровно три, когда я, десять лет назад, пил здесь воду... Вырубили! Бедные липочки! И они понадобились кому-то. А вот оно и искомое... Мое почтение! Пьем, Илька, за твое здоровье!

Цвибуш опустился на колени, бросил в сторону шляпу и прильнул пылающим лицом к холодной сверкающей поверхности... Илька машинально опустилась на одно колено и последовала примеру отца. Цвибуш пил ртом и глазами. Он видел в воде свою, покрытую кровью, физиономию и, глядя на кровоподтеки и ссадины, готовил подходящую остроту. Но острота вылетела из головы, и вода полилась изо рта обратно, когда он на зеркальной поверхности, рядом с своим лицом, увидел лицо Ильки. Он перестал пить и поднял голову.

— Илька! — сказал он, хмурясь. — Слышишь, девочка? Перестань скалить зубы! Ты не собака! Я этого не люблю! Не будь дурой!

Илька подняла голову и влажной ладонью провела себе по лбу.

— Я не люблю этого! — продолжал Цвибуш. — Оставь свою глупую привычку скалить зубы от всякого пустяка! Будь умницей! Зачем сердиться? Ты бледна, как мертвец, и дрожишь! Смотри, глупая, как умрешь от злости, так будешь знать! Перестань! Ну!..

— Не могу... Никто не имеет права, папа Цвибуш, бить тебя по лицу. Никто!

— Неужели? А я этого не знал? И без тебя знаю! Ни по лицу, ни по спине, ни по животу... Но что же ты хочешь?

Илька провела еще раз ладонью по лбу и прошептала:

— Я хочу, чтобы никто не смел бить тебя. Я хочу... я хочу ей отомстить.

11

Цвибуш издал свистящий звук, нагнулся к воде и начал мыть свое лицо. Умывшись, он утерся рукавами и сказал:

— Нелепость, Илька! Пей, если еще не напилась, и пойдем к нашим инструментам. Довольно болтать глупости!

Цвибуш поднял за руку Ильку и, поглаживая живот, направился к часовне.

— Давай-ка лучше, чем сердиться, часовню посмотрим! — предложил Цвибуш.

Множество зеленых и серых ящериц бросилось к щелям и в траву, когда Цвибуш и Илька подошли к часовне. Дверь часовни с заржавленными крючьями была наглухо забита досками. Над дверью, на гладкой деревянной доске, были прибиты медные буквы. Буквы были, разумеется, латинские. Цвибуш прочел и перевел Ильке следующее: «Франциск Гольдауген — 1806. Прохожий, молись, чтобы святые ангелы сохранили его душу для рая!» Стекла в двух окнах были разбиты. Осколки их, торчавшие в полусгнивших рамах, отливали радужные цвета. Третье окно было заткнуто ячменным снопом. Окна были царством паутины и пыли.

— Франциск Гольдауген!— крикнул в окно Цвибуш.

— Гольдауген! — ответило эхо.

— Франциск Гольдауген — это брат дедушки нынешнего графа, — сказал Цвибуш, обращаясь к Ильке. — В 1806 году он, возвращаясь со свидания, на этом самом месте был убит своим старым камердинером, который мстил за свою дочь. Так говорят одни; а другие говорят, что он подрался с своим племянником из-за какой-то девчонки и был убит. Как бы там ни было, а камердинер был повешен на этом месте. «Не убивай», говорит заповедь господня, в домах же, лесах и садах Гольдаугенов не знали заповедей божиих. Погляди-ка, Илька, в окно... Видишь св. Франциска? Лицо желто-зеленое, страшное... Теперь это изображение погасло, во время же оно оно было отлично видно и на глупых людей и женщин наводило ужас. В особенности страшно было это лицо, когда перед ним горела, как теперь помню, синяя лампада... И меня мороз драл по спине, когда я смотрел на это лицо. Суть в том, моя девочка, что художник, писавший этот образ, бежал, не окончивши своей работы. Он не дописал левого глаза, а потому правый глаз и выделялся так сильно и резал наши суеверные глаза. Лицо было тоже не окончено. Была одна только подмалевка, как говорят художники. Художник бежал, потому что влюбился в графиню. Чудак видел в ней неприступную крепость. Болван! Стоило бы ему только дать ей понять, и она повисла бы на его шее. Женщины всегда были хрупки. Они не отступают от мужчин там, где дело касается того, чего тебе не следует знать, моя невинность.

Цвибуш умолк и посмотрел на Ильку. Илька его не слушала. Она глядела в землю, шептала что-то губами и шевелила пальцами, как бы рассуждая с собой. Цвибуш издал свистящий звук и задумался.

— Послушай, рыжая! — сказал он, нахмурив брови. — Не люблю я этого! Ты опять начинаешь скалить зубы! Пойдем, сядем!

Цвибуш и Илька сели на горячие ступени часовни.

— Где у тебя голова, девочка? — продолжал Цвибуш, глядя на бледное лицо дочери. — Отчего ты не рассуждаешь логично? Из дерева нельзя сделать стали, из тряпок не выльешь колокола. Крыса не может родить лебедя. От той женщины, родившейся от известного рода людей, нельзя ожидать ангельских поступков. Ее деды и отцы волки; может ли же она, вопреки законам природы, родиться ягненком? И она волк! Волк от головы до пяток! Будучи же волком, она не могла иначе поступить... Что же ты еще хочешь? А волков учить кушать сено — не наше дело... Рассуждай логично! Она урожденная баронесса Гейленштраль; а кто такие Гейленштрали? Это те же Гольдаугены. Первый Гейленштраль был побочным сыном Артура Гольдаугена. Баронство получил он во время Тридцатилетней войны, только благодаря своему родству с Гольдаугенами. Потом Гольдаугены женились на Гейленштралях, вторые выходили замуж за первых и т. д. В результате получились два рода, ничем не отличающиеся один от другого. Что же ты хочешь? Не хочешь ли ты, чтобы в то время, когда Гольдауген дерется, Гейленштраль полез к тебе целоваться? Гм... Нет, моя милая! Сердиться на волков за то, что им природа дала острые зубы, могут только такие малознайки, как ты.

Цвибуш помолчал и продолжал:

— А что здесь важную роль играет природа, прекрасно видно из истории Гольдаугенов [1] . Первый Гольдауген появился в исходе крестовых походов. Звали его Золотоглазым вампиром. Волоса на его голове и бороде были черны, как уголь, а брови и ресницы были белокуры. Благодаря этой игре природы его и прозвали Гольдаугеном *. В его золотых глазах, говорит история, рядом с замечательным умом светилась смесь лукавства и ловкости рыси с кровожадностью голодного барса. Это была бешеная собака в самом худшем смысле этого слова. Он жрал человеческую кровь так же легко, как мы воду, покупал и продавал людей с беззастенчивостью Иуды. Сжечь деревню для него было много легче, чем для нас выкурить сигару. Он жег и с восторгом глядел на пламя. Когда победители, с Готфридом Бульонским во главе, молились впервые у гроба господня, он рыскал по окрестностям Иерусалима и нанизывал на пики головы сарацин. И в эту великую минуту он не изменил себе! Ему, говорит архив, страстно хотелось помолиться, но инстинкт бешеной собаки потянул его в другую сторону, к разрушению, к крови. Это страшное уродство, моя милая! Нельзя думать, чтобы золотоокий человек был виноват в своем уродстве. Человеку не дойти самому до таких ужасающих мерностей, как не додуматься

---

[1] Гольдауген в переводе на русский язык значит — «Золотые глаза».

14

ему до шестого пальца на руке. Природа виновата. Она дала ему волчий мозг. От золотоокого родился сын, отличавшийся от отца только тем, что не имел золотых глаз... уродство перешло и к нему; внук имел золотые глаза и то же уродство. И так далее. Нынешний граф не имеет золотых глаз. В прошлом году умер его сын, мальчишка, который имел золотые глаза. Итак, золотые глаза передаются через человека, а уродство стало уделом каждого. Гольдаугенам, как видишь, моя милая, так же трудно отделаться от волчьих мозгов, как и от золотых глаз. Ну, теперь и посуди, моя милая, в силах ли была та красавица не хлестнуть меня по губам? Природа взяла верх над рассудком, и ей иначе поступить было нельзя!

— Всё это ты врешь, отец! — взвизгнула Илька, топнув ногой. — Ты врешь! Твоим губам нет дела до ее уродства, до ее природы! Нам нет дела! Ты всё это говоришь только потому, что мне вредно сердиться. Но я ей покажу! Я ей не... не прощу! Пусть меня бог накажет, если я прощу ей эту обиду!

— Кому бы другому, а не тебе, ягненок, так храбриться! Ягненку храбриться против волка значит только терять напрасно слова... Замолчим лучше!

Илька поднялась, накинула на плече ремень арфы и подбородком указала на тропинку.

— Отдохнуть разве не хочешь? — спросил отец.

Илька промолчала. Цвибуш встал, взял под мышку скрипку, крякнул и зашагал к аллее. Он привык слушаться Ильку.

Час спустя они шли уже, едва волоча свои утомленные ноги, по пыльной, горячей дороге. Впереди их, за полосой синевших рощ и садов, белели колокольни и ратуша маленького венгерского городка. Но левую руку пестрела красивая деревушка Гольдауген.

— Где есть суд? Здесь или там? — спросила Илька, указывая на город и деревню.

— Суд? Гм... Суд есть и в городе и в деревне. В городе судят, мое золото, городских, а в деревне гольдаугенских...

Илька остановилась и, после некоторого размышления, пошла по дороге, ведущей к деревне.

— Куда? Зачем ты? — спросил Цвибуш. — Что тебе там делать? Храни тебя бог ходить к этим мужикам!

— Я, папа Цвибуш, иду туда, где судят гольдаугенских.

— Для чего же? Ради бога! Ты сумасбродка, душа моя! В городе мы можем пообедать и выпить пива, а здесь же что мы будем делать?

— Что делать? Очень просто! Мы будем судиться с той бессовестной негодяйкой!

— Да ты дура, дочка! Ты с ума сошла! Ты потеряла всякое уменье соображать, голубушка! Или ты, может быть, шутишь?

— Не шучу я, отец! Я удивляюсь даже, как это ты, при всем своем самолюбии, можешь относиться так хладнокровно к этой обиде! Коли хочешь, ступай в город! Я сама пойду в суд и потребую, чтобы ее наказали!

Цвибуш взглянул на лицо Ильки, пожал плечами и пошел за непослушной дочкой, бормоча, жестикулируя руками и издавая свистящие звуки.

— Дура ты, Илька! — сказал он, вздыхая, когда они переходили мост, переброшенный через реку. — Дура! Назови меня лысым чёртом, если только ты не выйдешь из этой деревни с носом! Извини меня, дочка, но, честное слово, ты сегодня глупа, как пескарь!

Они прошли мост и вступили в деревню. На улицах не было ни души. Всё было занято полевыми и садовыми работами. Долго пришлось им колесить по деревне и водить вокруг глазами, пока им не попалась навстречу маленькая, сморщенная, как высохшая дынная корка, старуха.

— Позвольте спросить, — обратилась Илька к старухе, — где живет здесь судья?

— Судья? У нас, барышня, три судьи, — отвечала старуха.

16

— Один из них давно уж никого не судит. Он лежит, разбитый параличом, десять лет. Другой не занимается теперь делом, а живет помещиком. Он женился на богатой, взял в приданое землю, — до суда ли ему теперь? Но и он уже старик... Женился лет пятнадцать тому назад, когда у меня помер мой старший сын, помяни, господи, его душу...

— А третий? Где живет третий?

— Третий? Третий еще судит... Но тоже уже никуда не годится... Старичок! Ему бы спать теперь в могиле, а не драки разбирать... Живет он... Видите зеленое крыльцо? Видите? Ну, там он и живет...

Цвибуш и Илька поблагодарили старуху и направились к зеленому крыльцу. Судью они застали дома. Он стоял у себя на дворе, под старой развесистой шелковицей и палкой сбивал черные, переспелые ягоды. Губы его и подбородок были выкрашены в лиловый, синий и бакановый цвета. Рот был полон. Судья жевал ленивее быков, которым надоело жевать свою жвачку.

Цвибуш снял шляпу и поклонился судье.

— Осмеливаюсь обеспокоить вашу честь одним-единственным вопросом, — сказал он. — Вы изволите быть судьей?

Судья обвел глазами своих непрошеных гостей и, проглотив жвачку, сказал:

— Я судья, но только до обеда.

— А вы изволили уже покушать?

— Ну да... Я обедаю в половине третьего... Это вам должно быть известно. По праздникам я обедаю в половине второго.

— Plenus venter non studet libenter[2], ваша честь! Хе-хе-хе... Вы изволите говорить истину. Но, ваша честь, нет правил без исключений!

---

[2] Сытое брюхо к учению глухо (лат.).

— У меня есть... Я не признаю в данном случае исключений... Я сужу людей только натощак, старина, когда я менее всего расположен сентиментальничать. Десять лет тому назад я пробовал судить после обеда... И что же выходило? Знаешь, что выходило, старина? Я приговаривал к наказанию одной степенью ниже... А это не всегда справедливо! Однако ты толст, как стоведерная бочка! Ты, вероятно, ешь много? И тебе не жарко носить на себе столько лишнего мяса? А это что за девочка?

— Это, ваша честь, моя дочь... Она-то и является к вам просительницей.

— Гм... Так... Подойди поближе, красавица! Что тебе нужно?

Илька подошла к судье и дрожащим голосом рассказала ему всё то, что произошло во дворе графов Гольдаугенов. Судья выслушал ее, посмотрел на губы Цвибуша, улыбнулся и спросил:

— Так что же тебе, красавица, нужно?

— Я хочу, чтобы вы наказали эту женщину!..

— Так... Хорошо... С большим удовольствием! Сейчас же мы засадим ее в тюрьму... Послушай, старина, — обратился судья к Цвибушу. — Ты где породил эту красотку, на луне или на земле?

— На земле, ваша честь! На луне нет женщин, ваша честь, а потому там едва ли возможно выпить стакан вина за здоровье роженицы!

— Если на земле, то почему же она не знает, что... Какие же вы дураки, господа! Ах, какие дураки! Вы и дураки и чудаки!

— Почему же? — спросила Илька.

— Вероятно, потому, что мозгов нет... Гольдаугены меня кормят и поят, а я их судить стану!? Ха-ха-ха! Гольдаугены графы, а она дочь цыгана, плохого скрипача, которого следует высечь за то, что он плохо играет на скрипке! Чудаки!

Нет, не на земле вы родились! Да захочет ли она с тобой судиться? Она нарисует на повестке, которую я ей пошлю, рожу с большим носом и бросит ее под стол! А где твои свидетели? Рабочие? Держи карман! Они не такие миллионеры, чтобы отказываться от куска хлеба! Ха-ха-ха! Нашла с кем судиться! Чудачка! Нет, не ерунди, красавица! Обидно, это правда... но что же поделаешь? Света белого не переделаешь!

— Но что же мне делать?

— Дать тряпку своему отцу, чтобы он завязал себе губу. От мух ранка может прикинуться... Свинцовой примочки купи... Только это я и могу посоветовать... Дать тебе еще совет, красавица? Изволь! Возьми своего толстого папашу под ручку и уходи... Не могу видеть дураков! Избавьте себя от присутствия судьи неправедного, а мне дайте возможность не беседовать с вами.

— Но что же мне делать? — опять спросила Илька, ломая пальцы.

— Гм... Третьего совета хочешь? Изволь! Сделайся такой же графиней, как она. Тогда ты будешь иметь полное право судиться с ней! Полное право! Ха-ха-ха! Сделайся графиней! Честное слово! Ты тогда будешь судиться с ней сколько твоей душе угодно! Никто и ничто не помешает! Впрочем... прощайте! Мне некогда! Оставьте меня. Пока ты не графиня, я имею еще право гнать тебя так неделикатно подальше от моего полного желудка и ленивого языка! Марш, старина! Свинцовой примочки не забудь купить!

Судья отвернулся и принялся за ягоды. Цвибуш и Илька вышли со двора и пошли к мосту. Цвибушу хотелось остаться отдохнуть в деревне, но не хотелось действовать наперекор Ильке... Он поплелся за ней, проклиная голод, щемивший его желудок. Голод мешал ему соображать...

— Мы, дочка, в город? — спросил он.

Илька не отвечала. Когда они вошли в рощу,

принадлежавшую гольдаугенским крестьянам, Цвибуш спросил:

— Ты, Илька, сердишься? Отчего ты не отвечаешь на мой вопрос?

Вместо ответа Илька зашаталась и схватила себя за голову.

— Что с тобой, дочка?

Дочка остановилась и повернула к отцу свое лицо. Лицо было искажено скверной, злой улыбкой. Зубы были оскалены по-собачьи...

— Ради бога, что с тобой?

Илька подняла вверх руки, откинула назад голову и широко раскрыла рот... Резкий грудной крик понесся по роще. Крупные слезы ручьем полились из голубых глаз дочери оскорбленного отца... Илька зарыдала и захохотала.

— Что с тобой? Можно ли так сердиться?

Цвибуш заплакал и принялся целовать свою дочь.

Можно ли так? Сядь, Илька! Ради бога, сядь! Ну, да садись же!

Цвибуш положил свои большие потные руки на ее прыгающие плечи и подавил вниз.

— Сядь! Мы посидим в тени, и ты успокоишься! Идем под эту вербу! А вот и ручей! Хочешь водицы? Вербы всегда растут у воды. Где есть вербы, там следует искать воду! Сядем!

Цвибуш понес Ильку к вербе, согнул ее колена и посадил на траву. Рыдания становились всё сильней и сильней...

— Полно, дочь моя! Имеем ли мы право так оскорбляться? Разве мы никого не оскорбляем? Можешь ли ты поручиться, что твой отец никого никогда не оскорблял безнаказанно? Оскорблял я! Мне сегодня только заплатили.

Раздался выстрел. Цепляясь за ветви, шелестя и хлопая крыльями, слетела с вербы птица и упала на фартук Ильки. То была молодая орлица. Одна дробина попала ей в глаз, а другая раздробила клюв...

20

— Посмотри, моя милая! В лице этой птицы сильно оскорблена природа... Это оскорбление много выше нашего... Терпит природа... Не наказывает же, не мстит...

Затрещали кусты, и Цвибуш увидал перед собой высокого, статного, в высшей степени красивого человека, с большой окладистой бородой и смуглым лицом. Он держал в одной руке ружье, а в другой соломенную шляпу с широкими полями. Увидев свою дичь на коленях хорошенькой рыдающей девушки, он остановился как вкопанный.

— Впрочем, этот человек уже наказан! — сказал Цвибуш. — Сильно наказан! Его грехи бледнеют перед той карой, какую он несет! Рекомендую тебе, Илька, графа Вунича, барона Зайниц. Здравствуйте, граф и барон! Чего в вас больше, графства или баронства? В вашей чертовски красивой фигуре много того и другого... Вот она, ваша дичь! Моя дочь отпевает ее.

Барон Артур фон Зайниц, мужчина лет двадцати восьми — не более, но на вид ему за тридцать. Лицо его еще красиво, свежо, но на этом лице, у глаз и в углах рта, вы найдете морщинки, которые встречаются у людей уже поживших и многое перенесших. По прекрасному смуглому лицу бороздой проехала молодость с ее неудачами, радостями, горем, попойками, развратом. В глазах сытость, скука... Губы сложены в покорную и в то же время насмешливую улыбку, которая сделалась привычной... Черные волосы барона фон Зайниц длинны и вьются кудрями. Они напоминают собой волосы молоденькой институтки, еще не завивавшей своих волос в косы. Артур редко купается, а поэтому и волосы его и шея грязны и лоснятся на солнце. Одет он небогато и просто... Костюм его незатейлив и крайне неопределенен... Воротнички грязной сорочки выдают, что барон не следует моде. Такие воротнички носили четыре года тому назад. Галстух черный, потертый и ленточкой; его узел, связанный некрасиво и наскоро, сполз на сторону и грозит развязаться...

21

Куртка и жилет роскошны; они покрыты пятнами, но они новы. Сшиты они из дорогой серой материи, приготовленной из лучшего козьего пуха. Потертые, давно уже отживающие свой век, шёлковые панталоны плотно облекают его мускулистые бедра и очень красиво теряются выше колен в складках высоких блестящих голенищ. Каблуки на сапогах искривлены и наполовину стерты. На жилетке из козьего пуха покоится цепочка из нового металла. К цепочке прицеплено шесть золотых медальонов, золотой аист с брильянтовыми глазами и маленькое, очень искусно сделанное, ружье с золотым дулом и платиновым прикладом. На прикладе этого ружьеца можно прочесть следующее: «Барону Артуру фон Зайниц. Общество вайстафских и соленогорских охотников». Не спрашивайте у барона, который час: к карманному концу цепочки прицеплены не часы, а ключ и оловянный свисток.

Род баронов Зайниц не может похвалиться своею древностью. Он ведет свое начало с первого десятилетия настоящего столетия, только. У Артура хранится «История баронов фон Зайниц», маленькая брошюрка, заказанная во время оно отцом Артура, Карлом, одному заезжему ученому шведскому пастору. Услужливый пастор взял большие деньги и, сочиняя родословное дерево милостивых баронов, не щадил ни бумаги, ни правды. Родословную повел он с одиннадцатого столетия. Брошюрке этой, разумеется, многие поверили; поверили в особенности те, которым не было надобности контролировать пастора. Но Зайницам пришлось покраснеть за свою брошюру, когда одна очень услужливая иллюстрированная газета, желая прислужиться, напечатала их герб и родословную, более похожую на правду, чем та, за которую было заплочено пастору. Первый барон Зайниц был простой дворянин, женатый на дочери банкира, выкрестившегося еврея. Это была личность ничтожная во всех отношениях, пресмыкающаяся, вечно голодная и любящая деньги больше всего на свете. Она невидимо прожила бы свой век и навсегда стушевалась бы в памяти людской, если бы не фортуна, которая улыбалась ей и милостиво и постоянно... У первого Зайница было два брата. Один из них был иезуитом, читал в каком-то университете физику и собственными руками пробил себе путь к кардинальству. Другой брат был придворным поэтом и зятем лейб-медика. Благодаря сильной протекции этих двух братьев и деньгам тестя-банкира, имевшего крупные денежные связи, грамота на баронство фон Зайниц досталась не так трудно, как тому первому Зайницу, о котором врал шведский пастор. Второй Зайниц, дед Артура, дрался под Аустерлицем и умер профессором военной академии. Этот Зайниц был портретом своего дяди-кардинала и, подобно ему, был более кабинетным человеком, чем солдатом или помещиком. Отец Артура напоминал собой первого Зайница. Это тоже ничтожная, невзрачная, ничего не стоящая личность. Малообразованный, ограниченный, слабый физически и нравственно, он задался целью расточить в пух и прах всё то, что улыбающаяся фортуна дала его деду и отцу. Задача, однако, оказалась не легкой. Баронство Зайниц занимает не малое пространство. Железная дорога пересекает его в двух местах. Оно считается, благодаря своим садам, виноградникам и почве, одним из богатейших и роскошнейших поместий. Находящиеся на нем конский завод и суконная фабрика, вместе взятые, давали баронам две тысячи четыреста франков в день, а об остальном и говорить нечего. Расточить такое богатство — не легкая задача, но у Карла фон Зайниц были отличные помощники. Помогали ему его сластолюбие, неуменье рассуждать, доброта и его... сын. Он до конца дней своих не переставал любить женщин. Любил он отчаянно, бешено, не рассуждая и не останавливаясь ни перед какими препятствиями. Женщины были его главной расходной статьей, без которой ему едва ли бы удалось расточить всё. В Вене у него была некоторое время любовница. К этой любовнице ездил он на экстренном поезде с многочисленной толпой сластолюбивых прихлебателей, пивших одно только шампанское. С каждым поездом любовнице привозились подарки, которые поражали своею роскошью и слишком красноречиво говорили о безумстве барона. Подарки состояли из фамильных драгоценностей, дорогих лошадей, векселей... Горничная его венской любви получала тысячу франков в месяц и имела на всякий случай своих лошадей. По приходе и пред уходом экстренных поездов давались лукулловские обеды. В Праге была другая любовница, в Будапеште третья и т. д. Женщины обожали его и, разумеется, за щедрость больше, чем за что-либо другое. Та масса анекдотов, которые рассказываются еще до сих пор о Карле фон Зайниц, как нельзя лучше характеризует это обожание. Из массы анекдотов приведем один.

В одном из лучших немецких театров дебютировала молоденькая, только что выпущенная из театрального училища, актриса. (Ныне она очень известная актриса на роли драматических и трагических матерей-старух.) Она была молода, хороша собой и играла великолепно. Театр дрожал от рукоплесканий. После первого же действия ей был поднесен букет, украшенный драгоценнейшим ожерельем покойной баронессы фон Зайниц, матери Карла. Барон отдал это ожерелье, потому что оно лежало в его боковом кармане и острым концом медальона кололо его в бок. После второго действия несколько высокопоставленных лиц, которые находились на этот раз в театре, отправились за кулисы выразить дебютантке свое удивление. Между высокопоставленными находился и фон Зайниц. За кулисами он чувствовал себя как дома. Выпив в уборной первого любовника стакан шампанского, он направился к уборной восходящего светила. Дверь уборной была заперта. Он постучал.

— Что вы делаете!? — изумились высокопоставленные...

— Вы забываетесь! Вы забываете, что здесь не цирк, не оперетка... Не salon madame Deleaux! Вы чертовски дерзки, барон!

— Вы думаете? Я только нетерпелив... — отвечал барон.

— Но она сейчас выйдет! Неужели у вас не хватит терпения на две, на три минуты?

— Не хватит.

— Но ведь это неприлично! Она, может быть, теперь одевается!

— Может быть, — отвечал нетерпеливый барон и постучал в дверь еще раз.

— Кто там? — послышался из уборной молодой женский голос.

— Я! — отвечал барон.

— Кто вы?

— Один из почитателей вашего таланта. Я, собственно говоря, в вашем таланте ни бельмеса не смыслю, но мне говорят, что вы прекрасно играете, а я привык верить на слово. Отоприте!

— Странно... Я в уборной! В уборную нельзя входить. Да вы кто такой?

— Я барон фон Зайниц. Имею к вам дело.

Голос из уборной заговорил потише и не так смело:

— Очень приятно, барон... Но я не одета... Подождите пять минут.

— Мне ждать некогда. Через две минуты я уезжаю. Сейчас или никогда!

— Нельзя!

— Ваше дело... Прощайте! Кто это, чёрт возьми, меня за рукав дергает?

Возле барона собралась толпа почитателей дебютантки. Толпа была крайне возмущена дерзким поведением барона. Она потребовала от барона, чтобы он отошел от двери. Жених дебютантки, находившийся тут же в толпе, дернул его за рукав.

— Извольте отойти от двери! — крикнули почитатели.

— А если я не отойду, то что будет? — спросил барон и уже не пальцем, а кулаком постучал в дверь.

— Вы, mademoiselle, вероятно, хотите, чтобы эти господа сделали со мной скандал! — сказал он сквозь дверь дебютантке. — Отворите! Через полторы минуты я уезжаю... Сейчас или никогда! Я, барон фон Зайниц, люблю всё делать сейчас или никогда! Угодно вам поговорить с бароном Зайниц, который имеет к вам дело?

Дебютантка, видимо, колебалась.

— Что вам угодно? — спросила она.

— Ах, чёрт возьми! Что может быть мне угодно!? Некогда мне разговаривать! Ну, я буду считать до трех раз. Если вы не отопрете, когда я скажу «три», то я уйду, и вы меня никогда не увидите... Как много, однако, у вас поклонников! Это я замечаю по тем щипкам, которые они задают мне сзади и с боков... Ну, я начинаю... раз... два... Ну... ну...

В уборной около двери послышались легкие шаги.

— Три! — сказал барон.

Щелкнул замок. Дверь тихо отворилась. Перед носом барона прошмыгнула из уборной хорошенькая, улыбающаяся горничная. Барон сделал шаг вперед, и его обоняние утонуло в тонких запахах уборной. Она стояла у темного окна, закутавшись в шаль. Около нее лежало платье, которое ей предстояло надеть... Щеки ее были красны. Она сгорала со стыда...

«Боже мой, как она еще невинна!» — подумал барон и, поклонившись, сказал:

— Прошу прощения! Я через минуту уезжаю, а потому...

Дебютантка подняла глаза на барона. Глаза ее были полны любопытства. Она видела его в первый раз, но она так много слышала о нем, находясь еще в театральном училище! Она его давно уже обожала понаслышке.

— Что вам угодно, барон? — спросила она после тяжелого, минутного молчания.

— Вы извините, mademoiselle, что я так настойчив, но... честное слово, вы мне нравитесь!

Дебютантка потупилась. Щеки ее еще больше покраснели.

— Я не люблю комплиментов, — сказала она.

«Боже, как она невинна!» — подумал барон и сказал:

— Сколько жалованья назначило вам ваше начальство?

— Еще не назначало, а назначит... Сколько — не знаю... На первых порах, вероятно, не более двух тысяч талеров...

— Гм... Цена хорошая... На первых порах достаточно.

Барон умолк и впился глазами в дебютантку. Дебютантка готова была провалиться сквозь землю от стыда и ожидания.

— Если вы ко мне приедете, — сказал, помолчав, фон Зайниц, — то вы получите в сто пятьдесят раз больше.

Розовые щеки дебютантки стали белы, как полотно сорочки барона... Дебютантка вскрикнула, всплеснула руками и, как оглушенная выстрелом из сотни пушек, сразу упала на обитое бархатом кресло. С ней сделался истерический припадок. Фон Зайниц поклонился и вышел. Когда в уборную вошла горничная, дебютантка рыдала. Рыдания были отрывистые, смешанные со смехом... Горничная испугалась, выбежала из уборной, и чрез минуту вся сцена разделилась на кучки. Кучки шептались, искоса поглядывали на дверь уборной и не знали, что им делать: возмущаться дерзким поступком барона или же... завидовать счастью рыдающей дебютантки? Жених, как сумасшедший, вломился в уборную, пал к ее ногам и завопил:

— Не плачьте, моя милая! Это оскорбление не пройдет ему даром! Но... зачем, чёрт возьми, вы отперли дверь этому демону?

Дебютантка положила свое заплаканное лицо на белую манишку жениха, положила свои руки на его плечи и прошептала:

— О, Жорж! Как я счастлива! Как мы с тобой счастливы! Он пообещал в сто пятьдесят раз больше, а мы учили в театральном училище, что барон фон Зайниц умеет держать свое слово! Жаль только, что он некрасив! Но... В сто пятьдесят раз больше!! Пойди, мой друг, попроси, чтобы объявили публике, что я по болезни продолжать игру не могу!

На следующий день дебютантка получила от «обожаемого» фон Зайниц жалованье вперед за три месяца...

Этот анекдот правдоподобен, но насколько он правдив, я не знаю.

Второй расходной статьей барона были карты. Зайниц играл очень редко. Он скучал за картами. Но раз севши, от скуки проигрывал он громаднейшие куши. От скуки же он изобрел и свою собственную карточную игру. Его игра слишком проста. Она называлась «Черные и Красные».

— Красная или черная? — спрашивал Зайниц своего партнера, показывая ему сорочку карты. — Если угадаете, то вы выиграли, а если не угадаете, то я выиграл.

Умней этой игры едва ли мог изобрести что-нибудь Зайниц. Однако он сумел проиграть на ней в два вечера графство Вунич, купленное когда-то дедом Артура в Галиции. Графство Вунич было его первой чувствительной потерей.

Второй потерей была его жена, баронесса фон Зайниц, которую он убил своим поведением. Третьей потерей была дочь, ханжа и идиотка, которую, чтобы поправить расстроившиеся дела, пришлось выдать замуж за лезшего в дворяне банкира-жида. Баронство же Зайниц постигла самая плачевная участь. Оно было заложено за бесценок зятю-банкиру, который на торгах и оставил его за собой. Карл кончил тем, что неудачно застрелился (пуля засела в плече), и умер на руках дочери и патеров, оставив банкиру «на всякий случай» несколько векселей на солидную сумму.

Сын его Артур после смерти матери, когда ему было двенадцать лет, был отправлен в Вену, где и отдан и пансион. Вышедши из пансиона, где он выучился говорить на трех языках, он поступил в университет, на филологический факультет. Вскоре Артур оставил филологию и поступил на математический факультет. На этом факультете ему повезло. Он получил премию за лучшее студенческое сочинение по дифференциальному вычислению. Кончив курс на математическом факультете, он опять занялся филологическими науками. Это блуждание от одной пристани к другой, пожалуй, и кончилось бы чем-нибудь хорошим, если бы не те тысячи, которые ежемесячно приходилось ему получать на почте и от поверенных отца. Тысячи вскружили ему голову. Когда ему надоело собирать библиотеку, на которую он тратил большие деньги со дня своего поступления в университет, он потерял под собой почву и пошел по стопам отца... Он поехал в Париж. Тысячи писем полетело из Парижа в баронство Зайниц с требованием денег. Карл был добр, а потому ни одно письмо не осталось без ответа; каждый ответ состоял из чеков. К счастью Артура, денежные пакеты, которые он получал из родины, с каждым месяцем становились всё меньше и меньше, приходили в Париж всё реже и реже... Сотни постепенно вытесняли собой тысячи. Вместе с известием о смерти отца Артур получил тысячу франков и письмо зятя-банкира. Банкир писал, что посылаемая тысяча составляет всё состояние барона Артура фон Зайниц и что ему, Артуру, надеяться не на что... Артур прочитал письмо и густо покраснел.

Ему стало ужасно стыдно за себя и за своего отца. Он серьезно задумался, и ему стало страшно за свою будущность, которую он так любил и жалел, когда сидел на университетской скамье. Он разорвал в клочки письмо зятя и изо всей силы ударил себя кулаком по лицу... Тысячу хотел он бросить в окно, но... не бросил. И хорошо сделал. Эта тысяча пригодилась ему. Она была потрачена на бегство из Парижа от долгов. Кредиторами его были содержатели отелей, ростовщики и, что постыднее всего, кокотки... Последние дни в Париже ему пришлось прожить на счет кокоток... Бежал он на родину испившийся, истаскавшийся и изовравшийся, но, к счастью, не до конца. Здоровье его еще не было надломлено, и заведомо подлецом он еще ни разу не был. К счастью, у Артура была упругая натура. В Вене он опять принялся за науки и с большим рвением, чем прежде. Чтобы иметь кусок хлеба и не лезть к родным за деньгами, он сделался преподавателем алгебры в одном из военных училищ и корреспондентом двух больших парижских газет. Заработывал он также немного и писанием стихов, которые помещал во французских журналах. (Подобно Фридриху Великому, он немецкого языка терпеть не мог.) Жизнь пошла тихая, скромная, сносная, диаметрально противоположная парижской, но недолго она была такой... Она была испорчена на самом интересном месте, именно в тот самый золотой год, когда Артур сделался доктором философии и магистром математических наук. На широкой дороге судьба подставила ему ножку. Он, сам того не замечая, наделал долгов. Кто раньше был богат, а теперь беден, тот поймет это «не замечая». Артур к тому же еще женился на одной хорошенькой, влюбившейся в него бедной дворяночке. Женился он и по любви и из сострадания. Женитьба увеличила его расходы. Волей-неволей нужно было обратиться к сестре. Артур написал сестре письмо, в котором просил ее сообщить ему, какая участь постигла имение их матери, и если оно не было продано за долги, то уделить ему частицу получаемых с него доходов. Тут же между прочим он попросил сестру прислать к нему в Вену его библиотеку, взятую ею когда-то на сохранение. В ответ на это письмо Артур получил от зятя телеграмму, в которой просили Артура немедленно приехать в Зайниц. Артур поехал. Когда он въехал в Зайниц, его попросили идти пешком.

— Госпожа Пельцер, — сказали ему, — не любит стука колес. Потрудитесь дойти до дома пешком.

Артура встретили в гостиной зять и сестра. Сестра сидела на кресле и плакала. Зять при входе его уткнул нос в газету...

— Это я! — сказал им Артур. — Не узнаёте?..

— Видим, — отвечал банкир. — Недурно сделали, что нас послушали и приехали... Мы очень рады, барон, что вы еще не утратили способности послушания... От слова «послушный» попахивает чем-то рабским, но вы извините... Для таких господ, как вы, послушание необходимо...

— Я вас не понимаю, — сказал недоумевающий барон. — Сестра, о чем ты плачешь? Брат Артур приехал, а ты плачешь... Ответь же чем-нибудь на мое «здравствуй»! Полно плакать!

— Она, милостивый государь, — сказал банкир, — заплакала, как только нам доложили, что вы едете... Сядьте... У вашей сестры, слава богу, есть еще кресла. Не всё расточили вы с вашим отцом. Она, моя жена, плачет, потому что еще любит вас...

Артур сделал большие глаза и ладонью провел себе по лбу. Он не понимал.

— Да, — продолжал банкир, не спуская глаз с газеты, — она не может так скоро покончить с чувством, которое, надо сознаться, неестественно, потому что фактически она перестала уже быть вашей сестрой... Гм... Вы ей не брат. Она неизмеримо выше вас. Вы низки для того, чтобы быть братом этой женщины... Милостивый государь! Благодарите эту женщину! Если бы не она, вы не осмелились бы переступить порог этого дома!

— Объясни мне, сестра, — обратился побледневший Артур, — что я должен понимать под словами твоего мужа... Пельцера? Я решительно ничего не понимаю! Потом, твои слезы... Не понимаю!

Банкирша отняла от лица платок, вскочила и, шурша своим тяжелым платьем, заходила по гостиной. Слезы, самые настоящие, крупные, капали с ее глаз на пол.

— Не понимаешь? — закричала она визжащим голосом. — Пойми же наконец, что ты убиваешь нас своим поведением! Твоя безнравственность возмущает нас! Я возмущена, как сестра и христианка!..

— Объяснись, сестра! — сказал Артур. — Я не пойму никак, что вы хотите мне сказать?

— Молчи! Я не хочу слышать твоего голоса! На какой это дряни ты там женился?

— Да, барон! — подхватил банкир высоким дребезжащим тенором. — Женясь на этой ничтожной женщине, вы опозорили имя баронов фон Зайниц и тех, которые считают себя их родственниками!

Ручка кресла, за которую держался барон, затрещала. Артур задрожал от гнева.

— Сильвия! — сказал он, повернувшись к сестре. — Я тебе ни слова не сказал, когда ты выходила замуж за негодяя Пельцера. Я уважал твою волю, а ты? Ты позволяешь себе под диктовку Пельцера наносить мне тяжкие оскорбления! Не забывайся!

— Я негодяй? — крикнул Пельцер. — Прощаю вам это слово, барон! Прощаю!

Сильвия топнула ногой и сделала шаг к брату.

— Я всё про тебя знаю! — зашипела она, глотая слезы. — Всё! Мало того, что ты женился на бульварной дряни, оборвыше, мало того! Ты еще безбожник! Ты никогда не ходишь в церковь! Ты забыл бога! Ты забыл, что во всякую минуту душа твоя готова расстаться с телом и отдаться в руки дьявола!

— Дай бог, чтобы все были такими негодяями, как я! — кричал между тем Пельцер. — О! Тогда бы на земле иначе было! Тогда бы не было на земле людей, которым всё нипочем: и имя и честь... Не было бы тех женщин, бульварных потаскушек, которые...

Пельцер вдруг замолчал. Он посмотрел на лицо Артура, и ему сделалось страшно.

— Так не поступают даже лютеране, как ты поступаешь! — кричала Сильвия. — Мы позвали тебя для того, чтобы дать тебе понять, как ты низок! Ты должен покаяться! Разойдись с ней и... перемени свой образ жизни! Немедля! Слышишь? Понимаешь?

— Коли вы придерживаетесь сословных традиций, — сказал глухим голосом Артур, — так знайте же, что барону Артуру фон Зайниц не к лицу входить в какие бы то ни было препирательства с еврейским выходцем из русской Польши и с его женой! Но... снисхожу к вам и задаю один вопрос. Задаю его и ухожу. Что вы скажете мне относительно имения моей покойной матери?

— Оно принадлежит Сильвии, — сказал Пельцер, — ей только одной.

— По какому праву?

— А разве вам неизвестно завещание вашей матушки?

— Что вы лжете? Не было никакого завещания! Я знаю это!

— Оно есть!

— А если есть, так оно подложное! Моя библиотека где?

— Она продана за тысячу франков, которые были посланы вам в Париж...

— Она стоит не тысячу, а двести тысяч франков!

Пельцер пожал плечами и усмехнулся.

— Несмотря на всё мое желание, я не мог продать ее дороже.

— Кто ее купил?

— Я, Борис Пельцер...

Артур почувствовал, что задыхается. Он схватил себя за голову и побежал из гостиной.

— Воротись, брат! Воротись! — закричала ему вслед Сильвия.

Артур хотел не ворочаться, но не смог. Он любил еще сестру.

— Покайся, Артур! — сказала Сильвия воротившемуся брату. — Покайся, пока еще есть время!

Артур выбежал из гостиной и через минуту, задыхаясь и дрожа от гнева, мчался к воксалу железной дороги.

Запершись в купе второго класса, он лег на софу лицом вниз и доехал в таком положении вплоть до самой Вены. В Вене судьба подставила ему другую ножку. Приехав домой, он не застал жены дома. Его горячо любимая жена, во время его отсутствия, бежала к любовнику... Она оставила письмо, в котором просила прощения. Артур был поражен этой изменой, как громом...

Через неделю жена его, прогнанная любовником, вернулась к нему, чтобы отравиться и умереть у порога его квартиры... Когда Артур, похоронив жену, воротился с кладбища домой, его встретил лакей с письмом. Письмо было от сестры Сильвии и содержало в себе следующее:

«Мой дорогой брат! Мы всё знаем... Тайное убийство, которое ты совершил, чтобы сгладить с лица земли следы преступления, опозорившего наше имя, противно богу... Мы требовали только покаяния, но она, твоя жена, могла бы жить. Смерть ее не нужна. Нужно было только ее удаление. Но не отчаивайся. Мы молимся за тебя, и, поверь, наши молитвы не напрасны. Молись и ты.

Твоя Сильвия».

Артур разорвал это письмо на мелкие клочья. Ноги его заходили по клочьям, на которых святотатственной рукой было написано божие имя... Артур зарыдал и упал на землю без чувств...

Учительство, философия, математика, французские стихи — всё было брошено и забыто Артуром. Наконец, придя в себя, он напился страшно пьян и с тех пор, перекинув через плечо двухстволку, застранствовал «диким Зайницем» по окрестностям Зайниц, Гольдауген и других деревень, выпивая баснословные количества вина и уничтожая дичь. Он зажил странною жизнью... Люди видели его только в трактирах и кабаках, которые украшают своею затейливою пестротою перекрестки дорог. Его видели и знали все лесничие и большая часть пастухов.

Где он жил, чем питался, никому не было известно. Его считали бы сумасшедшим, если бы он так умно не заговаривал с теми людьми, с которыми ему приходилось встречаться. Не знали, как и что о нем думать. Называли его «диким Зайницем», странствующим отшельником и «несчастным бароном Артуром». Бульварная пресса заговорила о нем, — о каком-то громаднейшем процессе, который намерен повести Зайниц против Пельцеров, о сестре, которая легально ограбила брата; начали печататься ни с того ни с сего анекдоты и маленькие романы из жизни Артура фон Зайниц или его отца. Нашлась даже газетка, которая пожалела об исчезновении рода Зайниц...

Артур блуждал большею частью по садам и рощам. В садах и рощах было больше дичи, чем в поле и у рек. Хозяева садов не запрещали ему охотиться. Они ненавидели его сестру и в нем видели злейшего врага Пельцера. Хозяйки даже радовались тому, что их сады и рощи посещает фон Зайниц.

— Нельзя сказать, — говорили они, — чтобы он был

лесным царем, нет! Он слишком молод для этого... Он скорее лесной кронпринц!

Встречаясь с людьми, лесной кронпринц обыкновенно очень вежливо раскланивался. Наткнувшись же на Цвибуша и Ильку, он остолбенел. Его, как художника, поразила красота и реальность группы, составленной из Цвибуша, Ильки, арфы, скрипки и птицы.

Услышав рыдания, Артур нахмурился и сердито кашлянул.

— Чего она плачет? — спросил он.

Цвибуш усмехнулся и пожал плечами.

— Плачет, — сказал он, — вероятно, потому, что она женщина. Будь она мужчиной, она не плакала бы.

— Это ты ее обидел?

— Я, барон! Каюсь...

Барон с негодованием посмотрел на жирную, лоснящуюся физиономию Цвибуша и сжал правый кулак.

— Чем же ты ее обидел, старая скотина?

— Я обидел ее тем, ваше сиятельство, что имею морду, по которой можно безнаказанно бить хлыстом... Она моя дочь, барон, а при дочерях благовоспитанные люди не позволяют себе бранить отцов...

— За что ты ее обидел, каналья? Не плачь, девушка! Я сейчас его проэкзаменую, мерзавца! Ты ее бил, что ли?

— Вы угадали, барон, но только отчасти... Да, били, только не ее и не я... Ваше участие к моей дочери трогает меня, граф! Благодарю!

— Шут! — проговорил барон, махнул рукой и нагнулся к Ильке.

— Что с тобой, милая? — спросил он. — О чем ты плачешь? Кто тебя обидел? Скажи мне, кто тебя обидел, и я... обижу его, обижу сильно!

Барон большой загорелой рукой провел по волосам Ильки. Глаза его затеплились хорошим огоньком.

— Мы, мужчины, должны заступаться за женщин, потому что сильные обязаны защищать слабых. Чего же ты плачешь?

И, засматривая в лицо, покрытое влажными пальчиками и распустившимися волосами, фон Зайниц опустился на колени и осторожно уселся около Ильки. Он заговорил голосом, каким давно не говорил. Илька услышала голос нежный, вытекавший прямо из души, — голос, которому смело можно было довериться...

— Чего плачешь? Поведай мне свое горе! Возле тебя сидит теперь не глупый шут, старик, а сильный мужчина. Можешь положиться на меня... Я силен и всё могу сделать... О чем же ты плачешь? Ну?

Дети, которых спрашивают о причине их плача, начинают плакать сильней. То же самое случается и с женщинами. Илька заплакала сильнее...

— Судя по тому, как ты сильно плачешь, у тебя должно быть большое горе... Ты расскажешь мне... Ведь расскажешь? Со мной можешь быть откровенна. Я спрашиваю тебя не из простого любопытства. Я хочу помочь тебе... Честное слово, девушка!

Артур нагнулся и поцеловал Ильку в темя.

— Не будешь плакать? Да? Да ну же, милая! Чтобы облегчить несколько свое горе, стоит только высказаться...

— Едва ли она скоро перестанет плакать, — сказал Цвибуш. — Нервы ее слабы, как ниточки на рубахе, которую носили пять лет. Дадим ей, барон, выплакаться... Нехорошо, Илька! Много слез прольешь — скоро пить захочешь.

— Ах, да! Воды ей нужно дать! — сказал барон. — Вода здесь близко... — Барон встал и скрылся за густой листвой; сухие сучья и ветви затрещали под напором его тяжелого тела.

— Каков барон! — захихикал Цвибуш. — Нежен, вежлив, предупредителен! Ха-ха-ха! Можно подумать, что он и в самом-таки деле такой добряк. Верь ему, Илька, но слегка. Он славный малый, но палец в рот ему нельзя класть. Откусит руку до самого локтя. Про историю у Гольдаугенов не рассказывай ему. Он родня этим живодерам Гольдаугенам и посмеется над тобой, как над последней дурой. Скоро ты кончишь плакать?

Затрещали вновь сучья, и из-за листьев показался Артур с охотничьим серебряным стаканом в руках. Стакан был полон воды.

— Пей... Как тебя зовут? Илькой? Пей, Илька!

Барон опустился на колени и поднес к губам Ильки холодный стакан. Илька отняла от лица руки и отпила полстакана...

— Как я несчастна! Ах, как я несчастна! — пробормотала она.

— Верю, охотно верю! — сказал барон и помочил ей виски холодной водой. — Я назвал бы тебя, моя милая, лгуньей, если бы ты сказала, что ты счастлива. Пей еще!

— Ради бога, умоляю вас, не браните моего отца! — прошептала Илька. — Он тоже очень, очень несчастлив!

— Не буду бранить... Я побранил его, потому что погорячился. Я на первых порах думал, что он тебя обидел. Беру свои нехорошие слова назад. Но он так хладнокровно относится к твоему горю, как не подобает относиться порядочному отцу.

— Недоставало еще, чтоб вы и мне помочили водой виски! — засмеялся Цвибуш. — Я разучился реветь еще тогда, когда привык к отцовским розгам. Какой вы, однако, сегодня неженка, барон! Не узнаю в вас сегодня того барона Артура фон Зайниц, который шесть лет тому назад выбил два зуба маркеру в ресторане «Вороного коня» в Праге... Помните, ваше сиятельство? Один зуб изволили вы выбить кием, а другой кулаком...

— Мало ли чего не было шесть лет тому назад! — пробормотал фон Зайниц. — Многое было, и было такое, о

38

чем неприлично упоминать теперь. Ну, Илька! Рассказывай! Ты теперь успокоилась немножко, а чтобы прийти в себя окончательно, тебе стоит только высказаться... Ну? Кто тебя обидел?

— Обидели не меня, а моего отца!

— Вот как! Так ты за отца плачешь?

— Его ужасно оскорбили! Вы ужаснулись бы, если бы увидели, как его, бедного, оскорбили!

— Так вот что! Гм... Какая же ты, однако, хорошая девочка! У тебя, старина, хорошая дочь! Редкость! Ну, всё одно, рассказывай... И за него я так же охотно заступлюсь, как и за тебя.

— Не заступитесь, барон! — сказал Цвибуш.

— Почему?

— Потому что это невозможно... Я имел честь получить пощечину не от маленького человека, а от очень большого. Никакое ядро не в состоянии долететь до этого человека! Да и не следует заступаться! Моя дочь капризничает!

— Что за пустяки! Для меня одинаково, кто бы ни оскорбил! Мое ядро, если только нужно, долетит до всякого... Рассказывай, Илька. Я помогу тебе.

Заикаясь, глубоко вздыхая и то и дело повторяясь, Илька поведала Артуру фон Зайниц свое горе. Когда она, рассказывая, дошла до графини Гольдауген, поднявшей хлыст, барон нахмурился.

— Так это... была женщина? — спросил он.

— Да, графиня Гольдауген...

— Гм... Дальше...

Барон страшно побледнел и почесал себе лоб.

— Дальше, дальше... Я слушаю... Так женщина ударила его? Не мужчина?

— Женщина, барон!

— Гм... Так... Отчего же ты не продолжаешь?

Когда Илька рассказала о том, как упал под ноги лошади ее отец, как он потом обливался кровью, барон взглянул на Цвибуша...

— Губу это она тебе рассекла? — спросил он.

— Ну, стоит ли об этом говорить? Поговоримте лучше, господа, о политике!

— Я тебя, старый дурак, спрашиваю, она рассекла тебе губу или не она?— крикнул барон и ударил кулаком по траве. — Дочь страдает из-за него, а он шутит! Не люблю шутов!

— Она, она! — сказала Илька.

— Облекаю старого дурака в молодую шкуру и возвращаю его по принадлежности! — проворчал Цвибуш. — Я не шучу, а говорю правду! Политика много лучше разговоров, из которых не выйдет решительно ничего путного...

Илька показала руками, сколько приблизительно крови пролил ее отец, как он хромал, когда плелся к часовне. Когда она рассказала о судье и передала все до единого его слова, барон презрительно усмехнулся и плюнул в сторону. Плевок отлетел на две сажени.

— Скоты! — проворчал он... — Да, он прав! Эта каналья права! Он не мог ничего сделать. Этот гольдаугенский Аристид такой же раб Гольдаугенов, как и та лошадь, которая чуть было не раздавила этого шекспировского шута, твоего отца!

— Мне не бывает так досадно, — кончила Илька, — когда моего отца бьют пьяные мужики или полицейские. Полиция, барон, не позволяет нам играть в больших городах. Но мне досадно, обидно, оскорбительно... обидно, когда женщина, образованная, знатная, с нежным лицом... И какое она имеет право смотреть на нас так надменно, так презрительно? Никто не имеет права так смотреть на нас!

Илька поднесла пальцы к лицу и заплакала...

— Неужели ей это так и пройдет даром?.. Ах, боже мой, боже мой!! Если эта обида останется безнаказанной, то я умру... умру! Пусть тогда отец один играет! Пусть он тогда продаст мою арфу!

Илька уткнула лицо в фартук и продолжала тихо плакать. Цвибуш глядел в землю и издавал свистящие звуки. Барон задумался...

— Обида сильная, — сказал он после продолжительного раздумья. — Но... нужно сперва выслушать, в чем дело, а потом уже и обещать. Я солгал, моя милая. Я не так силен, как я час тому назад хвастал. Ничего я не могу для тебя сделать...

— Почему?

— Потому что она женщина... Не драться же мне с ней на дуэли! Дело скверное, моя милая. Следует покориться...

— Не могу я покориться! Откуда вы взяли, что я могу покориться?

— Твое бессилие заставит тебя покориться. Ты бессильна, потому что ты дочь музыканта-нищего, а я бессилен, потому что она, чёрт ее побери, женщина...

— Что же мне делать? — спросила Илька. — Вы не верьте, ради бога, моему отцу! Он и сам не перенесет этого оскорбления! Он показывает вид, что он хладнокровен, а в сущности... Я пойду в Будапешт или в Вену! Я найду суд.

— Не найдешь...

Илька вскочила и заходила вокруг барона и Цвибуша.

— Найду! — закричала Илька. — Ну, наконец, вы же барон, знатный, умный человек, всех знаете, все знатные люди вас знают... Вы не какой-нибудь простой человек! Отчего бы вам не написать письма к какому-нибудь судье, чтобы он осудил ее по законам? Вам стоит только сказать или написать, и всё будет сделано!

— Перестань, Илька! — сказал внушительно Цвибуш. — Господину барону скучно слушать твою непросветную чепуху! Ты злоупотребляешь его вниманием.

41

— Ты, Илька, рассуждаешь так, — сказал барон, — только потому, что ты не знаешь жизни. Ты недавно толковала мне, что ты несчастна, а между тем взгляд на жизнь у тебя точно у сибаритки, которая не умеет отличить меди от железа. Сколько тебе лет? Семнадцать? Пора жизнь знать, красавица! Жизнь — это такая отвратительная, мерзкая, тягучая ерунда, такая пошлая, бесцельная, необъяснимая чушь, которая не выносит сравнения даже с помойной ямой, которая выкопана для того, чтобы быть наполненной всякой гадостью. Пора знать! Что же ты хочешь от жизни? Хочешь, чтобы она улыбалась, сыпала тебе цветы, червонцы? Да? Так ты хочешь?

Фон Зайниц покраснел и запустил руку в свою большую охотничью сумку.

— Если так, то ты хочешь невозможного! Жизнь на земле возможна только невыносимая... Хочешь невыносимой жизни — живи, не хочешь — проваливай на тот свет. Отрава всегда к твоим услугам... Дитя ты, вот что! Глупа ты!

Из сумки показалась плетеная бутылка. Барон быстро поднес ее к губам и с жадностью сделал несколько глотков.

— Жизнь отвратительна! — продолжал он. — Мерзость ее есть ее закон, непоколебимый, постоянный!.. Она дана человеку в наказание за его пошлость... Милая красотка! Если бы я так глубоко не сознавал своей пошлости, я давно бы отправился на тот свет. Хватило бы пуль... Мучайся, говорю себе, Артур! Ты достоин этих мучений! Получи, Артур, должное! Научись и ты, девочка, философствовать сама с собой в таком роде... Легче жить при таком уменье...

Артур сделал еще два глотка.

— Есть во вселенной одна стихия, примиряющая несколько человека с его жизнью. Эта стихия, говорят, создана дьяволом, но... пусть так! Она снимаете души моей шипы... на время, разумеется. Эта стихия — в моей бутылке... Выпей, Илька! Сделай один глоток! Это хорошая водка...

Илька замотала головой. Цвибуш взглянул на бутылку, облизнулся и застенчиво опустил глаза.

— Да ну же, выпей, чудачка! — продолжал фон Зайниц. — Легче станет. Попробуй-ка!

— Выпей, Илька! — посоветовал Цвибуш.

Илька взяла в руки бутылку, сделала маленький глоток и поморщилась.

— Теперь ты выпей, — обратился Артур к Цвибушу. — Пей и ты, старый окорок!

Улыбаясь и гримасничая, Цвибуш засиял, как будто увидал давно не виданного друга... Он взял в обе руки бутылку и торжественно поднес ее к своим жирным губам. Сделав осторожно два-три глотка, он поставил бутылку на траву.

— Пей до дна! — сказал барон. — Не церемонься. У меня другая бутылка есть.

Толстяк в одну секунду исполнил это приказание.

— Где-то, когда-то я видел тебя, старина! — сказал фон Зайниц. — Физиономия твоя мне как будто бы знакома... Где я тебя видел?..

— Я, барон, тот несчастный маркер, которого вы, ваше сиятельство, в Праге изволили лишить двух зубов.

— Может быть, может быть... Так... Я был мастер на эти дела... Жалею, что я не могу тебе теперь их вставить...

Барон вытащил из своей сумки другую бутылку и бумажный сверток. В свертке были пирожки, сыр и колбаса. Фон Зайниц разрезал колбасу пополам; одну половину подал он Цвибушу, а другую разделил на две части, из которых одну подал Ильке, а другую оставил себе.

— Прошу, господа! — сказал он. — Ешьте и не церемоньтесь. Ешь, девочка! Сыр всецело принадлежит твоему желудку. Мы до него не коснемся.

Голодные Цвибуш и Илька не заставили долго просить себя. Они с жадностью голодных неблаговоспитанных детей набросились на закуску и через пять минут уничтожили всё, кроме небольшого кусочка колбасы. Этот кусочек был пощажен Цвибушем для закусывания после водки.

Выпитая водка подействовала на Артура моментально. Лицо его покраснело и просветлело. Глаза забегали, как пойманные мыши, и заблестели. Он протянул ноги по земле, положил кулаки под голову и заулыбался. На Цвибуша водка не повлияла. Его голова осталась в таком же состоянии, как и была. На Ильку водка подействовала угнетающим образом. Она села особняком, в стороне, подперла голову ладонями и задумалась.

— Пей, старина! — угощал Артур. — Лучше быть пьяным и веселым, чем трезвым и скучным. Хорошая водка наше спасение... Не будь ее, пропал бы человек! Пьем за ее существование! За что я тебе зубы выбил? Ты не помнишь?

— Как не помнить? Помню... Вы были немножко под хмельком и потребовали от меня, чтобы я поймал ртом подброшенный биллиардный шар. Когда я не изъявил желания исполнить ваше приказание, вы и приняли строгие меры...

— Скотина! — проворчал Артур.

— Кто?

— Послушай, красавица! — вдруг обратился фон Зайниц к Ильке. — Ты мне ужасно напоминаешь одну девушку, в которую я был влюблен в детстве. Девочки этой не было, она не существовала, но мне про нее каждый вечер рассказывала моя няня. Я ее воображал себе именно такой, как ты. Эта девочка, по словам моей няньки, жила в некотором царстве, в некотором государстве, в большом тюльпане. Она сидела на пестике и поглядывала из-за листьев тюльпана на мир божий. Занятия у нее были самые разнообразные. Она ухаживала за цветами, разливала в бутылки росу, которую употребляла для ванн и питья, пела песни. Девочка эта, забыл я тебе сказать, была ростом не более твоего мизинца. Ела она один только мед, который носили ей пчелы. Одевалась в пурпуровые листья маковых цветов. Специальность ее была медицина. Она заговаривала зубы, перевязывала раны, приготовляла капли и т. д. Одному кузнечику, который в схватке с пауком сломал себе ногу, она сделала операцию с такою ловкостью и с таким знанием, какому может позавидовать даже Бильрот. Занимаясь медициной, она не брезговала и другими ремеслами. Она обшивала бедных насекомых, починяла камергерские мундиры золотых жуков, душегрейки божьих коровок... Насекомые уважали ее, как мать родную, и любили ее больше всего на свете. Еще бы! Она совсем разорилась на нищих-червей, которые со всех сторон ползли к ней за подаяньем; она потеряла голос, читая проповеди насекомым. Проповеди ее были верхом ораторского искусства. Из достоверных источников известно, что десять трутней, прослушав ее проповедь «о лености», заплакали от угрызения совести и принялись собирать мед. Она выдавала бабочек замуж, причем в приданое давала им прекраснейшие кисейные платья. Она женила сверчков, строго-настрого приказывая им, чтобы они по ночам не беспокоили жен своим криком... Настоящая была мать! Является однажды к этой девочке тарантул и просит ее, чтобы она заговорила ему зубы. Девочка заговорила ему зубы, и у паука моментально исчез с лица флюс. «Ладно, — сказал паук. — Спасибо. Я тебе за твою работу когда-нибудь соуса из мухи пришлю... Послушай, гениальная мысль пришла мне сейчас в голову! Выходи за меня замуж! Л? Выйдешь?» Девочка засмеялась и сказала, что она ни в каком случае не может быть женой паука. «Я не люблю тебя, — сказал паук, — ты мне не нравишься, но я хочу брать дань с тех насекомых, которых ты лечишь, одеваешь и учишь читать... Мне нужны деньги. Не хочешь? Хорошо же! Если через три дня ты не дашь мне своего согласия, то я тебя убью вот этими самыми зубами!» Паук показал девочке свои страшные зубы и пошел домой. Девочка сообщила об угрозе паука всем своим протеже. Те слетелись, наползли к ней со всех сторон и стали вокруг нее в оборонительную позицию: «Умрем, но не выдадим!» —

воскликнули они. Явился паук. «Согласна?» — спросил он девочку. — «Не согласна. Не заводи, паук, неудовольствий! Посмотри, сколько у меня защитников!» Паук посмотрел и увидел не защитников, а трусов, которые были бледны и дрожали всем телом. Он громко засмеялся и на глазах всего насекомого мира зарезал своими скверными зубами бедную девочку. Убив ее, он покойно отправился домой. Пчелы сделали из воска гроб и положили в него девочку... Муравьи взялись выкопать могилу. За гробом шли комары, которые превосходно пели и играли на трубах. Золотой жук прочел надгробное слово... Одним словом, похороны вышли шикарные. Поминки были еще лучше. Ели и пили все насекомые до боли в животах. Поело поминок насекомые выспались, поручили сороконожке собирать на памятник и разлетелись по домам...

— И конец? — спросил Цвибуш.

— Что же тебе еще нужно? — спросил барон. — Хочешь, чтобы паука в тюрьму посадили? Держи карман! Нянька моя была отличный педагог. Она мне не лгала даже в сказках. У нее не торжествовала добродетель. Паук и до сих пор сидит у себя в норе и кушает соус из мух, а подлые насекомые, больные и изорванные, небось чаще вспоминают о вкусных поминках, чем о девочке. Царство тебе небесное, няня! Ты отлично знала природу! Выпьем, старина! Ну, что, Илька? Нравится тебе моя сказка? Ты почему-то ужасно напоминаешь мне девочку... Неужели и тебя тарантул съест? Ха-ха-ха... Очень может быть... Отчего же и не съесть, если можно? Зубы есть, и жрите... Однако ты меня не слушаешь, Илька! У тебя лицо такое, точно нас здесь нет!

Илька встрепенулась и умоляющими, вопросительными глазами поглядела на Артура.

— Не могу о ней забыть! — прошептала она.

— Ты всё о том же? Покориться нужно, дитя! Советы канальи-судьи остаются во всей своей силе. Лучшего ничего не выдумаешь. Купи отцу свинцовой примочки и сделайся графиней...

— Вы всё шутите! Боже мой! Графиней... Разве это возможно?

— Возможно, если сумеешь выйти замуж за какого-нибудь графа, и невозможно, если не сумеешь. Но ты едва ли сумеешь... Вот ежели бы к твоей рожице да прибавить презренного металла побольше — ну, тогда и сомневаться не было б надобности. И я бы, чёрт возьми, женился. Вышла бы за меня, Илька?

— Вы барон? Вышла бы... Я и за барона пошла бы...

— Я и граф... Ха-ха-ха... Не выкинуть ли мне разве штуки? Стой, стой... Штука вышла бы удивительная!

Барон на минуту задумался.

— Нет... — сказал он. — Это было бы уж слишком... Не стоит. Я люблю девочку в тюльпане, но увы! — женитьба должна дать мне не менее миллиона франков.

— Некрасиво жениться на деньгах, доктор! — сказал Цвибуш, на которого уже начинала действовать водка. — Женитьба на деньгах считается, доктор, низким поступком.

— Что ж делать! Я решусь на подлость. Мне миллион нужен во что бы то ни стало. С миллионом в руках... Впрочем, вам не следует этого знать. Я показал бы им!

— И на старухе женились бы?..

— Хоть на чёрте... За миллион всё! Миллион — это рычаг, которым я переверну ад с его чертями и огнем. Я говорю не про будущий ад, а про тот, в котором я теперь нахожусь. Если я не сделаю подлости, то этим самым дам возможность другим натворить тысячу подлостей. Девочка в тюльпане, — обратился Артур к Ильке, — отчего у тебя нет миллиона? Будь у тебя миллион, у меня была бы хорошенькая жена, а ты была бы графиней, исполнила бы один из советов судьи...

— Вы всё шутите! — вздохнула Илька.

— Нисколько не шучу... Достань-ка миллион, попробуй! Непременно баронессой сделаю! Достань-ка!

— Не выпить ли нам, доктор? — предложил Цвибуш. — В нашу беседу начинает вкрадываться фантастический элемент... Бог с ней, с фантазией! Нам ли толковать о миллионах? Легче мне проглотить собственную голову, чем увидать когда-нибудь миллион... Не будем же говорить о деньгах! Разговоры порождают зависть...

— Молчи, пожалуйста! Отчего же не помечтать, если делать нечего? А я тебе, старый окорок, повторяю, что, будь у тебя миллион, я отнял бы у тебя девочку и посадил бы ее в тюльпан... Я пьян? Хорошо! Она мне, ей-богу, нравится! Посмотри, какой у нее носик! Ах, чёрт возьми! Достань, Илька, миллион!

— А как достать миллион? — спросила Илька.

— О, наивность! Sancta simplicitas![3] Как достать миллион? Достать его можно различными способами. Способы бывают тяжелые и легкие... Тяжелый способ заключается в бесконечном труде, труде свободном и разумном, при котором ночей не спят, недоедают и болеют. При таком способе миллион приходит только в старости, когда не стоит выходить замуж. Ты — женщина, не имеешь достаточно разума и хочешь замуж, а потому этот способ для тебя не годится. Второй способ, легкий по существу и иногда тяжелый по последствиям, состоит в забвении одной всем мешающей вещи — совести. Воруй и грабь. Чем ты умней и беззастенчивее, тем раньше ты сделаешься баронессой фон Зайниц. Воровать и грабить можно не на одних только дорогах. Можно воровать и душить, сидя у себя в кабинете. Этот способ я тебе не рекомендую. Если ты недостаточно умна, то он чреват последствиями: можешь угодить к чёрту. Третий способ — получи наследство... Какой же четвертый

___

[3] Святая простота! (лат.).

способ? Четвертый способ, наичаще употребляемый женщинами и не всегда пренебрегаемый мужчинами, заключается в уменье пользоваться своим телом. Чем лучше у субъекта тело, тем ближе он к миллиону. Этот способ к тебе наиболее подходит, Илька!

— Наименее! — сказал Цвибуш. — Он не годится! Оставим его в покое, барон! От этого пикантного способа попахивает салом, а Илька...

— Молода? Ничего, пусть знает! Для чего скрывать от нее то, чего ей следует остерегаться? Итак, я продолжаю... Умей, Илька, со вкусом одеваться, вовремя показывать из-под платья свою хорошенькую ножку, лукавить, кокетничать... За каждый поцелуй ты возьмешь minimum тысячу франков... При твоей теперешней обстановке тебе едва ли много дадут; но если бы ты сидела в ложе или в карете, то...

— Ну-ну... довольно! — забормотал Цвибуш. — Бог знает чем пичкаете вы голову этой девчонки!.. Оставим этот разговор! Прошу вас, доктор! Я переменяю разговор... Так... Правду ли говорят, что вы на прошлой неделе приняли лютеранство?

— Правда... Последний способ — самый легкий и не самый безобразный. Приобрети, Илька, великосветские манеры, научись болтать и, верь моему знанию, ты будешь иметь миллион. Этот способ употребляется слишком часто. Пользовались бы им семь восьмых женщин, если бы семь восьмых были красивы и имели цену на рынке. Попадись ты мне семь-восемь лет тому назад, я непременно купил бы тебя... Хорошенькая бестия.

— Тише, барон, ради бога тише! — проговорил Цвибуш. — Не будем языку давать волю! — Цвибуш с боязнью поглядел на дочь: Илька сидела и со вниманием слушала барона, по-видимому, нисколько не стесняясь содержанием и формой его речи.

— Я понимаю, — сказала она. — Но неужели вы в состоянии жениться на женщине, которая продала себя?

— В состоянии. Ведь я, женясь на приданом, тоже продаю себя! И так далее и так далее... У меня к тебе есть просьба, Илька...

Барон приподнялся и из жилетного кармана вынул золотую монету.

— Возьми, милая моя, эти деньги и в первом попавшемся городе сними с себя фотографический портрет. Понимаешь? Портрет ты пришлешь мне... вот по этому адресу...

Барон подал Ильке золотую монету и карточку, на которой был написан адрес.

— Мне хочется почаще видеть девочку в тюльпане... Я хочу носить ее постоянно в своем боковом кармане... Пришлешь?

— Да.

— Ну и отлично. А теперь, друзья, adieu![4] Я спать хочу.

Барон растянулся на траве и положил охотничью сумку себе под голову.

— Прощайте. Очень рад знакомству. Буду ожидать портрет и женюсь, если достанешь миллион...

Цвибуш встал и поклонился.

— Благодарю вас, барон, — сказал он. — Вы нас покормили, не позволите ли вы нам поиграть вам за это? Под нашу скучную музыку отлично спится!

— Сделайте одолжение!

Цвибуш настроил скрипку и заиграл из «Боккачио» под аккомпанемент Илькиной арфы. Барон кивнул головой в знак своего удовольствия и закрыл глаза... Когда музыканты кончили играть и хотели отойти от него, он открыл глаза и остановил свой мутный взгляд на Ильке.

---

[4] прощайте (франц.).

— Так, так... Понимаю, — пробормотал он. — Это ты, Илька? На тебе на память!

Барон отстегнул от своей цепочки один из медальонов, подал его Ильке, упал головой на сумку и заснул как убитый.

Глава III

Когда проснулся фон Зайниц, был уже вечер. Верхушки деревьев и каменные постройки маленького, стоящего на возвышенности, городка купались в золоте заходившего светила. Золото это, слегка окрашенное в пурпур, парчой сталось по небу от солнца к востоку и заволакивало собой добрую треть неба... Около солнца и над ним не было ни одного облачка; последнее обстоятельство обещало прекрасную ночь. Далеко за лесом играла свирель возвращавшегося пастуха. Она играла простую песенку, не имевшую имени: музыка машинальная, беспорядочная, но под эту незатейливую музыку каждый вечер богатырским сном засыпают и леса графов Гольдаугенов, и рожь, и ковыль, и река...

Артур увидел возле себя на траве две валявшиеся бутылки и газетную бумагу, оставшуюся после свертка. Старого толстяка и хорошенькой белокурой девочки возле него уже не было. Он вспомнил их, свою беседу с ними — и улыбнулся, даже засмеялся, когда, посмотрев себе на грудь, увидел прицепленную к одной из пуговиц бумажку. На этой бумажке карандашом было написано следующее:

«Милый барон! Вы первый человек, который обошелся с нами по-человечески. До вас о человеческом обращении мы знали только понаслышке... Зато — вы первый человек, о котором я буду вспоминать не с горьким чувством, а с наслаждением. Ваше внимание нас тронуло до глубины души. Прощайте! Дай бог вам счастья! Карточку вышлю.

Ваша слуга — Илька».

— Ни одной грамматической ошибки! — произнес вслух фон Зайниц, прочитав дважды это письмо, написанное симпатичным женским почерком. — Это удивительно! Ай да Илька!

Барон вынул из записной книжки оловянный карандашик и написал: «Получено от девочки в тюльпане 13-го июня». Сложив это письмо вдвое, он спрятал его в карман записной книжки.

— В путь! Обедать пора! — и, перекинувши ружье через плечо, барон пошел по лесу, направляясь к городку, с которого уже начала сходить позолота, на короткое время наложенная солнцем.

Ему пришлось идти длинной и неширокой просекой, усыпанной щебнем. Просека тянулась почти до самого городка. На средине она пересекалась железной дорогой. Недалеко от перекрестка, образуемого просекой и полотном железной дороги, стоит дом лесничего Блаухера.

Подойдя к перекрестку, Артур повернул, снял шляпу и поклонился: на террасе домика сидела старая мадам Блаухер и вышивала скатерть. На ее крошечной голове сидел большой чепчик с широчайшими бантами, а из-под чепчика выглядывали стариннейшие, дедовские очки: они сидели на длинном тупом носу, напоминавшем большой палец ноги... На поклон Артура она ответила слащавой улыбкой.

— Добрый вечер, фрау Марта! — сказал барон. — Писем мне нет?

— Есть, но только одно. С гербом, барон...

— Адрес написан рукой Пельцера?

— Да...

— Ну, так бросьте его, Марта, в печь. Я знаю его содержание. Жид, под диктовку моей сестрицы, проклинает меня за принятие лютеранства... И так знаю, без чтения. Муж ваш здоров? И фрейлейн Амалия, надеюсь, тоже?

— Благодарю вас... Мне придется, значит, сжечь шестое уже письмо... Занятие не особенно приятное, если знаешь, что над этим письмом трудились, чувствовали... Как вы жестоки! Теперь вы куда идете?

— Обедать... куда-нибудь...

— И к кому-нибудь?

— Да...

Старушка вздохнула и покачала головой.

— Не будь мой Блаухер так осторожен, — сказала она, — и я дала бы вам пообедать. Мой муж рвет на своей голове волосы, когда к нам ходят знатные господа. К нам ездит генерал Фрехтельзак; но ведь он старик — его нельзя бояться... За него и не боится мой Блаухер... Для него вы страшны. Вы пообедаете у нас, а соседи скажут, что вы ухаживаете за нашей дочерью, и бог знает чего ни наговорят. Знатный человек ходит ведь не затем, чтобы жениться, а известно зачем... Ну, Блаухер и боится... А генерал Фрехтельзак — совсем другое дело!

— Не беспокойтесь, Марта! Я пообедаю и в другом месте.

— Да, по правде сказать, у нас сегодня и обед никуда не годится. Беда в теперешнее время с прислугой — ничего с ней не поделаешь!

— Прощайте, Марта! Поклон вашим!

— Прощайте, барон!

Барон поклонился и пошел к просеке. Темные вечерние тени уже ложились на землю. В лесном воздухе становилось свежо. Позади Артура с шумом промчался вечерний дачный поезд, развозивший горожан по полям и лесам... В лесу вечер начинается раньше, чем в поле. В поле можно было продеть нитку в иглу... Когда стих шум от дачного поезда, Зайниц услышал позади себя конский топот. Он оглянулся и остановился: на прекрасном вороном коне неслась к нему амазонка. Она пронеслась мимо, заглянула на Артура и, проехав несколько сажен, осадила лошадь.

— Фон Зайниц? — спросила громко всадница.

— Он самый...

Артур подошел к амазонке и поклонился. В лесу стемнело, но еще не настолько, чтобы нельзя было увидеть, как хороша была всадница. От всей ее фигуры так и веяло воистину герцогским величием.

Будь здесь Цвибуш и Илька, они узнали бы в ней ту самую всадницу, которую мы, в первой главе нашего рассказа, вместе с Цвибушем, назвали графиней Гольдауген, урожденной Гейленштраль. В ее руках был тот самый хлыст, который в полдень рассек губу Цвибуша.

— Я узнала вас при первом взгляде, — сказала она, подавая Артуру руку. — Вы немного изменились... Впрочем... с вами можно говорить или нет? Последнее письмо ваше ко мне было полно ненависти, негодования, самого отчаянного презрения... Вы еще так же сильно ненавидите, как и ненавидели?

Барон пожал ее красивую руку и улыбнулся.

— Мое письмо, — сказал он, — преступление, которое можно простить мне за давностью лет. Оно писалось четыре года назад. В этом письме я ненавидел вас за ваше корыстолюбие, которое не позволило вам выйти замуж за любимого, влюбленного, но разорившегося человека. В настоящее время я менее всего склонен сердиться на вас за ваше корыстолюбие. Три часа назад я беседовал о своей будущей женитьбе на деньгах... Я еще живу на этом свете и не отправляю себя на тот только потому, что имею цель в жизни... Эта цель — женитьба на миллионе...

— Вот как! За последние четыре года убеждения ваши, значит, сильно изменились. Однако я рада... Я встретила вас так неожиданно! Очень приятно, барон, ей-богу, приятно! Спасибо хоть за то, что встретились!

— Ни в каком случае я не мог ожидать, что когда-либо встречу вас в этих местах. Вы как сюда попали?

— Я... Разве вы не знаете? Я здешняя обитательница... И уже давно...

— Вы, баронесса? Каким образом?

— Я теперь уже не баронесса Гейленштраль, а графиня фон Гольдауген. Два года назад я вышла за вашего соседа, графа Гольдаугена...

— Не слыхал... Скажите, какие новости! За графа... Я его не знаю... Он красив?

— Нет...

— Странно... Вы любительница красивых мужчин, насколько я вас знаю. Любили вы меня потому, что я, как говорят, был чертовски красив. А он — молод, богат?

— Ему под сорок... Он очень богат...

— Счастливы, разумеется?

— Нисколько. Я тоже вышла замуж за миллион. Двухлетний опыт показал мне, что я сделала страшную ошибку. Счастье не в миллионе, как оказалось... Я теперь занимаюсь только тем, что изобретаю способ, как бы удрать от миллиона!

Графиня засмеялась, и ее взгляд на некоторое время остановился на темнеющем небе. Помолчав немного, она со смехом продолжала:

— Значит, мы с вами теперь поменялись ролями, барон. Я теперь ненавижу то, что прежде любила, а вы — наоборот... Как, однако, странно меняются обстоятельства на этом скучном свете!

— Вы хотите бежать миллиона для счастья, а я ищу миллион не для того, чтобы записаться в счастливчики... Цели, как видите, разные...

— Вам решительно ничего не известно о моей новой жизни?

— Ничего...

55

— Значит, толки ходят не особенно сильные... Я затеяла развод со своим мужем...

— Затея веселая... А живете — у него теперь?

— Ну, да... Странно немножко, это правда... Но мы, во избежание лишних сплетен, уедем друг от друга только тогда, когда наш разрыв окрасится в казенный сургуч... Я улечу отсюда, когда я буду официально свободна... Впрочем, всё это вам неинтересно... Я так обрадовалась встрече со старым знакомым и... другом, что готова бессовестно выболтать все свои тайны и не тайны... Поговорим о вас лучше... Вы как живете?

— Как видите. Живу где придется...

— Науки бросили? Совершенно?

— Бросил и, по всей вероятности, совершенно...

— И совесть ученого человека покойна?

— Ну... Наука во мне потеряла немного больше нуля... Невелика потеря...

Графиня пожала плечами и покачала головой.

— Вы, Зайниц, оправдываетесь, как школьники, — сказала она. — Немного больше нуля... Молодые ученые не имеют настоящего, у них есть будущее. Кто знает: быть может, если бы вы продолжали ваши занятия науками, то вы были бы для науки в тысячу раз больше нуля!

— Вы неправильно выражаетесь, — засмеялся фон Зайниц, — нуль, помноженный на тысячу, равен нулю.

— Вы окончательно разорены? — спросила графиня, как бы не слушая фон Зайница.

— Окончательно. У вас есть с собой деньги?

— Немного есть. А что?

— Отдайте мне их.

Графиня быстро вынула из кармана маленький портмоне и подала его Артуру. Артур высыпал деньги себе в кулак, а портмоне подал графине.

— Merci, — сказал он. — Беру взаймы. Отдам на другой

день после свадьбы. Вы удивляетесь? Какие у вас удивленные глаза! Я не только прошу и беру, но даже еще жалею, что в вашем портмоне было так мало.

Графиня посмотрела в его глаза и подумала: «Он лжет».

— Я нисколько не удивляюсь, — сказала она. — Что странного и удивительного в том, что Артур фон Зайниц занимает немного денег у своего друга? Это дело житейское, обыкновенное...

— А кто вам сказал, что вы мой друг?

— Вы странны... Прощайте! С вами тяжело говорить.

Графиня кивнула головой, подняла хлыст и помчалась по просеке.

Глава IV

Когда она проехала всю просеку и выехала в поле, было уже темно... Город, горы были еще видны, но потеряли свои очертания. Бродящие люди и лошади имели вид силуэтов самой неопределенной формы. Кое-где зажглись огни. Графиня остановилась возле шалаша, построенного из камыша и соломы на одном из гольдаугенских огородов. Гольдаугены для своих огородов арендовали часть городской земли с незапамятных времен. Арендовали ради тщеславия. «Чем меньше вокруг моей земли чужих владений, — сказал когда-то один из Гольдаугенов, — тем более у меня причин держать высоко голову».

У шалаша стояли огородник и его сын. Увиден мчавшуюся к ним графиню, они сняли шапки.

— Здравствуйте, старый Фриц и молодой Фриц! — обратилась графиня к огороднику и его сыну. — Очень рада, что застаю вас здесь. Если мне когда-нибудь скажут, что вы плохо исполняете свои обязанности, я буду иметь основание не поверить.

— Мы всегда находимся при своих обязанностях, — сказал старый Фриц, вытянувшись в струнку. — Ни на шаг не отходим от огорода. Но если, ваше сиятельство, господину управляющему или его холопам не понравится почему-либо моя рожа, то меня прогонят без ведома вашего сиятельства. Мы люди маленькие, и ради нас едва ли кто-нибудь станет беспокоить ваше сиятельство...

— Ты думаешь, Фриц? Нет, ты сильно ошибаешься... Я знаю всех наших слуг и, поверь, умею различить, кто хорош, кто плох, кого рассчитали. Я знаю, например, что старый Фриц порядочный слуга, и знаю, что молодой Фриц лентяй и зимой у пастора украл перчатки и трость... Мне всё известно.

— Вам известно, что у бедного пастора украли перчатки и трость, а неизвестно...

Старый Фриц замолчал и усмехнулся.

— Что неизвестно? — спросила графиня.

— Вашему сиятельству неизвестно, что собаки камердинера его сиятельства графа три недели назад искусали мою дочь и жену? Вашему сиятельству неизвестно, несмотря на то что вся деревня из кожи вон лезла, чтобы сделать это известным. Собаки камердинера терпеть не могут простой одежды и рвут всякого, одетого по-мужицки. Господину камердинеру доставляет это удовольствие. Еще бы! Собаки валят женщину на землю, рвут ее одежду и... нагое тело, ваше сиятельство... Господин камердинер большой любитель бабьего мяса!

— Хорошо, хорошо... Ну, что ж ты хочешь?.. Этого я не знаю...

— Моя жена больна, а дочь стыдится показаться на улицу, потому что мужчины, по милости собак, видели ее в костюме Евы.

— Хорошо, хорошо... Разберу. Мне нужно вас спросить об

одной вещи. Вы не видели сегодня по дороге к городу музыкантов, толстого старика и молодую девушку с арфой? Не проходили мимо?

— Не видел, ваше сиятельство! — сказал старый Фриц. — Может быть, проходили, а может быть, и не проходили. Много всякого народа проходит. Всех не увидишь и не запомнишь...

Графиня задумалась и впилась глазами в темную даль.

— Это не они? — спросила она, указав хлыстом на два черневшиеся вдали человеческие силуэта.

— То оба мужчины, — сказал молодой Фриц.

— Очень возможно, что они остановились ночевать в деревне, — сказала графиня. — Они будут проходить здесь завтра в таком случае... Если вы их увидите, то немедленно пришлите их ко мне.

— Слушаю, — сказал старый Фриц. — Толстый старик и молодая девушка. Понимаю. А на что они вам, ваше сиятельство? Вероятно, украли что-нибудь?

— Почему же непременно украли?

— Да так, ваше сиятельство. В графстве Гольдауген только и занимаются тем, что норов ищут. Мода такая. В графстве Гольдауген воруют только главные, а ворами считаются все.

— Вот как! Гм... Завтра можешь искать себе другое место. Чтобы завтра в этом графстве не было ни одного Фрица!

Сказав это, графиня повернула лошадь и поскакала назад к просеке.

— Как она красива! — сказал молодой Фриц. — Как хороша!

— Да, очень красива, — сказал старый Фриц. — Но нам какое до этого дело?

— Чрезвычайно хороша! Клянусь тебе истинным богом, отец, что не я уворовал у пастора перчатки и трость! Я никогда не был вором! Если я лгу тебе, то пусть я ослепну

59

сию же секунду. Меня оклеветали ни за что ни про что... И она поверила этой клевете! Подлые люди!

Молодой Фриц помолчал и продолжал:

— Но пусть же недаром клевещут эти подлые люди! Пусть недаром смеются они над нами... Я уворую. Когда она говорила с тобой, а я глядел на ее красивое лицо, я дал себе честное слово уворовать... И я украду! Я украду у графа Гольдаугена то, чего не суметь уворовать ни одному из его управляющих. И я сдержу честное слово.

Молодой Фриц сел и задумался. Новые, в высшей степени сладкие, не крестьянские, а бальзаковские мечты охватили его мозг и сердце. Грандиознейший воздушный замок в несколько минут был построен его разгоревшимся юношеским воображением... То, что час назад показалось бы ему безумным, несбыточным, и моментально было бы изгнано из головы, как нечто детски-сказочное, — теперь вдруг приняло образ задачи, которую явилось настоящее желание решить во что бы то ни стало. Воздушный замок понадобилось вдруг обратить в более прочный...

Когда у молодого Фрица закружилась его разгоряченная мечтами голова, он вскочил, протер пальцами глаза и с хохотом закричал отцу: — Наверное украду! Пусть тогда обыскивают!

Графиня ехала домой. На пути попался ей навстречу барон фон Зайниц, который всё еще шел обедать.

— Мы, полагаю, еще увидимся? — крикнула ему графиня.

— Если хотите, то да.

— Мы найдем, о чем нам говорить. При той скуке, которую я теперь переживаю, вы для меня находка. Мне пришла в голову одна маленькая идейка. Не хотите ли отпраздновать вместе со мной день вашего рождения, который будет в четверг на будущей неделе? Видите, как я еще помню вас? Я не забыла даже день вашего рождения... Хотите?

— Извольте...

— Нам нужно будет сойтись где-нибудь... Вот что... Вам знакомо то место, где стоит «Бронзовый олень»?

— Да.

— Там нам никто не помешает вспомнить старину. Быть там в семь часов вечера.

— Вино мое.

— Отлично. Adieu! Кстати, барон. Будем вперед беседовать на французском языке. Я не забыла, что вы не любите немецкого. А насчет «шарлатана» и умных людей — подумайте. Adieu!

Графиня ударила по лошади и через минуту исчезла в темнеющем всё больше и больше лесном воздухе.

Баронесса Тереза фон Гейленштраль была тем «чистым, неземным существом», на котором впервые отдохнули глаза и чувства Артура после отвратительной парижской жизни. Артур сделал слишком резкий поворот от разгула к труду благодаря не одному только уважению к науке: этому повороту много способствовала и баронесса. Без нее не было бы полного обновления.

По приезде из Парижа в Вену Артур зажил отшельником. В одиночестве он мечтал об успокоивающем труде, проклинал этот свет с его людьми и, сам того не желая, вздыхал... о парижских кокотках. Неизвестно, чем бы кончилось это одиночество, если бы Артуру, вскоре после своего приезда, не пришлось попасть в число постоянных посетителей дома баронов Гейленштраль. В бытность Артура в Вене дом Гейленштралей мог посещать всякий желающий. Собственно говоря, никого они и не приглашали, а ходили к ним все любители ходить в дома великих мира сего без приглашений, если только двери не заперты.

В последние годы дом этот напоминал благочестивого человека, который, узнав о приближении своей смерти, махнул на всё рукой и пустился во все тяжкие, чтобы хотя денек пожить по-человечески.

Бароны Гейленштрали, истаскавшиеся и разорившиеся, ищущие спасения и не находящие его, предчувствуя предсмертную агонию, махнули на всё рукой и потеряли всякую способность обращать на что-либо внимание. Всё было забыто, кроме приближающегося ужасного финала. Ужас пред приближающеюся развязкой был с успехом заглушаем вином, любовью и мечтами. Гейленштрали еще мечтали о возможности спасения. Спасение, они думали, было в руках Терезы, которая может выйти за очень богатого человека и замужеством поправить плохие дела своей семьи. Но и эта надежда была только мечтой. Тереза была в ссоре с отцом и клялась, что она, выйдя замуж за богатого человека, не даст своим родственникам ни гроша.

Гейленштрали махнули рукой и начали доедать то, что еще не было съедено. Доедали они не просто, а отчаянно, торжественно, с шумом и треском, точно раньше никогда не едали. Двери их дома отперлись сами собой, и в них хлынула полуголодная толпа пожирателей объедков. Пожиратели явились в образе разорившихся аристократов, писателей, художников, артистов, музыкантов, с их великолепными костюмами, эффектными лицами, тонкими запахами, замечательными инструментами и голодными желудками. Пожиратели мигом завладели домом баронов, и Гейленштрали, беднеющие и жаждущие спасения, вдруг увидели себя на высоте меценатства. Дом их украсился кулисами, картинами, редкими акварелями. Квартал по вечерам оглашался звуками симфоний, ноктюрнов, вальсов и полек. Музыкально-литературные вечера, на которых играли и читали, приобрели себе известность, а за известностью и массу посетителей из всех слоев общества. На всех этих вечерах и спектаклях присутствовала и Тереза. Красивая, точно из мрамора высеченная, вся в черном, она слонялась в пестрой толпе пожирателей, от одного артиста к другому, всеми силами стараясь отделаться от своей томительной скуки. Люди, которые составляли толпу, были для нее новы. Они заинтересовывали ее. От скуки она принялась за их изучение. Она впивалась глазами в эффектные лица, слушала, говорила, читала сочинения в подносимых ей рукописях и путем долгого изучения пришла только к одному заключению: между ними есть порядочные малые, есть и шарлатаны. Это заключение было единственным результатом ее изучения. Не обладающая более тонким анализом, она не сумела отделить порядочных малых от шарлатанов. Она приблизила к себе некоторых, но и между этими некоторыми было много и светлых личностей, были и шарлатаны. В числе избранных находился и фон Зайниц.

Попал он в дом Гейленштралей нечаянно. Его затащил туда один приятель-автор, желавший показать ему свою комедию, которая давалась на сцене баронов. Вскоре, не довольствуясь спектаклями и литературными вечерами, он начал посещать дом Гейленштралей и днем. Тереза, ездившая по вечерам верхом обыкновенно в сопровождении грума, вскоре начала делать свои вечерние прогулки в сообществе Артура. Каждый вечер Артур с увлечением рассказывал ей о том, что сделал он в истекший день, что прочитал, что написал. За отчетом следовали неизбежные мечты, надежды, предположения. Тереза слушала его и сама говорила. Она так и сыпала фамилиями известных ученых, которых она знала... понаслышке, от Артура. Они стали друзьями. Говорят, что от дружбы до любви один лишь шаг. Артур не думал о любви. Ему достаточно было только одного общества умной, свежей женщины. О любви заговорил он лишь тогда, когда Тереза в одну из вечерних прогулок призналась ему, что любит его... Она первая заговорила о любви. После этого признания потекли дни, которые, как говорят, бывают раз только в жизни. Никогда в другое время не был так счастлив и доволен жизнью Артур, как в эти дни, проведенные с любимой женщиной. Это счастье, однако, тянулось недолго. Оно было разрушено Терезой. Когда он потребовал от любимой и несомненно любящей девушки, чтобы она стала его женой, баронессой и «докторшей» фон Зайниц, она отказала ему наотрез.

«Я не могу выйти за вас замуж, — писала она ему. — Вы бедны, и я бедна. Бедность уже отравила одну половину моей жизни. Не отравить ли мне и другую? Вы мужчина, а мужчинам не так понятны все ужасы нищеты, как женщинам. Нищая женщина — самое несчастное существо... Вы, Артур, напрасно заговорили о замужестве... Вы этим самым вызываете на объяснения, которые не могут пройти бесследно для наших теперешних отношений. Прекратим же эти тяжелые объяснения и будем жить по-прежнему».

Артур в клочки изорвал это письмо и написал ответ, в котором призывал на голову Терезы громы небесные. Он погорячился и написал «неземному существу» огромнейшее письмо, в котором проклинал «дух времени» и воспитание... Трогательные письма, которые потом присылались в оправдание отказа, не читались и бросались в печь. Артур до того возненавидел Терезу, что всё, напоминающее ему ее, потеряло в его глазах всякую цену. Он возненавидел всё величественное, строгое, гордое и всей душой привязался ко всему мизерному, забитому, бедному...

Идя обедать, Артур припомнил всё это... Ему смешон был теперь его трактат «о духе времени», но старинная ненависть зашевелилась в нем. Он не успел еще расстаться с этою ненавистью.

В четверг, в день своего рождения, Артур вспомнил обещание, данное Терезе, пообедать с нею вместе: он отправился к «Бронзовому оленю». Так называлась маленькая поляна, на которой был убит когда-то королем олень с шерстью бронзового цвета. Другие же говорят, что здесь во время оно стояла статуя «Охоты» — олень, вылитый из бронзы, заменявший собой Диану. Говорят, что король, по приказанию которого ставилась эта статуя, был целомудрен и на статуи классических женщин смотрел с отвращением.

Когда Артур пришел на поляну, Тереза уже была там. Она нетерпеливо шагала по траве и хлыстом сбивала головки цветов. Лошадь ее была привязана в стороне к дереву и лениво ела траву.

— Хорошо же вы принимаете своих гостей! — сказала графиня, идя навстречу Артуру. — Хорош вы хозяин! Вы гуляете, а гостья ожидает вас уже более часа...

— Я ходил за вином, — оправдался Артур. — Прошу садиться! Нам с вами не впервые приходится сидеть на траве. Помните былое время?

Графиня и Артур сели на траву и принялись вспоминать былое... Они вспоминали, но не касались ни любви, ни разрыва... Разговор вертелся около венского житья-бытья, дома Гейленштралей, артистов, вечерних прогулок... Барон говорил и пил. Графиня отказалась от вина. Выпив бутылку, Артур слегка опьянел; он начал хохотать, острить, говорить колкости.

— Вы чем теперь питаетесь? — спросил он между прочим.

— Чем? Гм... Известно чем... Гольдаугены не бедны...

— Вы едите и пьете, значит, графское?

— Не понимаю, для чего эти вопросы?!

— Но умоляю вас, ответьте, Тереза. Вы графское едите и пьете?

— Ну да!..

— Странно. Вы терпеть не можете графа и в то же время живете у него на хлебах... Ха-ха-ха... Каково? Каковы, чёрт возьми, правила? Меня ваши мудрые люди считают шарлатаном; какого же они мнения о вас? Ха-ха-ха!

По лицу графини пробежала туча.

— Не пейте больше, барон, — сказала она строго. — Вы делаетесь пьяны и начинаете говорить дерзости. Вы знаете, что обстоятельства заставляют меня жить еще у Гольдаугена.

— Какие обстоятельства? Боязнь злых языков? Стара песня! А скажите мне, пожалуйста, графиня, сколько обязуется давать вам ежегодно граф после развода?

— Ничего...

— А зачем вы говорите неправду? Да вы не сердитесь... Я по-дружески. Не теребите хлыста. Он не виноват. Ба!

Барон ударил себя по лбу и приподнялся.

— Позвольте... Как же это я раньше-то не обратил внимания?

— Что такое?

Глаза барона забегали. Они перебегали с лица графини на хлыст, с хлыста на ее лицо. Он нервно задвигался.

— Как же это я раньше не вспомнил! — забормотал он, — Так это вы изволили угостить старого толстяка и мою девочку в тюльпане?

Графиня сделала большие глаза и пожала плечами.

— В тюльпане... Толстяка... Что вы бормочете, фон Зайниц? Вы стали заговариваться. Пить не нужно!

— Драться не нужно, милостивая государыня!

Барон побледнел и ударил себя кулаком по груди.

— Драться не нужно, чтобы чёрт вас взял с вашими аристократическими замашками! Слышите?

Графиня вскочила. Ее глаза расширились и заблистали гневом.

— Не забывайтесь, барон! — сказала она. — Не угодно ли вам взять вашего чёрта обратно? Я не понимаю вас!

— Не угодно! К чёрту! Не думаете ли еще отказаться от вашего низкого поступка?

Глаза графини сделались еще больше. Она не понимала.

— Какого поступка? От чего мне отказываться? Я не понимаю вас, барон!

— А кто во дворе графа Гольдаугена вот этим самым хлыстом ударил по лицу старого скрипача? Кто повалил его под ноги вот этой самой лошади? Мне назвали графиню Гольдауген, а графиня Гольдауген только одна?

Яркий, как зарево пожара, румянец выступил на лице графини. Начиная от висков, он разлился до самого кружевного воротничка. Графиня страшно смутилась. Она закашлялась.

— Я не понимаю вас, — забормотала она... — Какого скрипача? Что вы... болтаете? Образумьтесь, барон!

— Полноте! К чему лгать? В былые годы вы умели лгать, но не ради таких мелочей! За что вы его ударили?

— Кого? Про кого вы говорите?

Голос графини был тих и дрожал. Глаза бегали, точно пойманные мыши. Ей было ужасно стыдно. А барон опять уже полулежал на траве, упорно глядя в ее прекрасные глаза и злобно, пьяно ухмыляясь. Губы его подергивались нехорошей улыбкой.

— За что вы его ударили? Вы видели, как плакала его дочь?

— Чья дочь? Объяснитесь, барон!

— Еще бы! Вы умеете давать волю своим белым рукам и длинному языку, но не умеете видеть слез! Она до сих пор плачет... Хорошенькая белокурая девочка до сих пор плачет... Она, слабая, нищая, не может отметить графине за своего отца. Я просидел с ними три часа, и она в продолжение трех часов не отнимала рук от глаз... Бедная девочка! Она не выходит у меня из головы со своим плачущим благородным личиком. О, жестокие, сытые, небитые и никогда не оскорбляемые черти!

— Объяснитесь, барон! Кого я била?

— Ну, да! Вы думаете, по вашему лицу я не узнаю, где кошка, которая съела мышку? Стыдно!

Барон приподнялся и протянул руку к хлысту.

— Покажите!

Графиня покорно подала ему хлыст.

— Стыдно! — повторил он и, согнув спиралью хлыст, сломал его на три части и швырнул в сторону.

Графиня окончательно смешалась. Пристыженная, слушающая дерзкое слово первый раз в своей жизни, красная и не знающая, куда спрятать от судейских глаз барона лицо и руки, она не находила слов. Из этого неловкого положения несколько вывело ее одно маленькое обстоятельство. В то время когда Артур ломал хлыст, в стороне, за деревьями, послышались шаги. Через минуту графиня увидала Фрицев. Они вышли из-за деревьев и, с любопытством глядя на графиню и Артура, пошли через поляну. Впереди шел молодой Фриц с длинным удилищем через плечо. За ним, еле-еле передвигая ноги, тащился старый Фриц. В правой руке старого Фрица на веревочке болталась молодая щука.

— Господин Фриц, отчего же вы не в перчатках? — обратилась графиня к молодому Фрицу.

Фриц опустил глаза и, искоса поглядывая на графиню, зашевелил губами.

— Где ваша трость? Отчего вы не с тростью?

Молодой Фриц побледнел и зашагал быстро к деревьям. У деревьев он раз оглянулся и скрылся. Старый Фриц, молча и ни на кого не глядя, поплелся за ним.

— Вы извините меня, — заговорил барон после того, как скрылись за деревьями Фрицы. — Я не хочу вас оскорбить... Но, клянусь честью, я сумел бы отметить за скрипача, если бы вы не были женщиной... Стыдно, Тереза! Мне было стыдно за вас пред девочкой!

Барон поднялся и надел шляпу.

— Вы не находите слов для оправдания... И отлично! К чему лгать? Ваше оправдание — ложь.

— Я еще продолжаю не понимать вас, барон! — сказала графиня.

— Честное слово?

— Да... честное слово...

— Гм... Прощайте! Ваши красивые глаза полны лжи! Слава богу, что вы еще умеете краснеть, когда лжете.

Артур потянулся, кивнул головой и пошел через поляну, к лесной тропинке.

Лоб графини Гольдауген покрылся морщинами. Она мучительно думала, искала в своем мозгу слов и не находила... Ей страстно хотелось оправдать перед Артуром свой поступок, в котором стыдно было сознаться. Пока она думала, кусая свои розовые губы и ломая пальцы, Артур зашел за деревья.

— Барон! — крикнула Тереза. — Постойте!

Вместо ответа графиня услышала только шум шагов удалявшегося Артура.

— Барон! — крикнула еще раз графиня, и ее голос задрожал от боязни, что барон уйдет. Шум от шагов затих.

Графиня постояла немного и опустилась в раздумье на землю. Около нее валялись две пустые бутылки. Третья, содержавшая в себе еще немного вина, стояла косо на траве и готова была упасть. Тереза допила вино из этой бутылки, поднялась и пошла к лошади.

Когда она выехала из поляны, она увидела в двух-трех шагах от деревьев, окружавших поляну, всадника, который садился на лошадь. Лошадь этого всадника, завидев графиню, весело заржала. Всадник был мужчина лет сорока пяти, высокий, тощий, бледный, с тщедушной бородкой. Севши на лошадь, он погнался за графиней.

— Постойте! — сказал он тихим голосом. По тембру этого слабого, не мужского голоса можно было судить, что он вытекал из больной груди. — Постойте! Я хочу сказать вам два слова! Только два слова!

Графиня не оглянулась...

— Вы шпионили? — сказала она. — Подсматривали?

— Но я люблю тебя! Я не могу прожить ни минуты, чтобы не видеть тебя. Два слова, только!!

Глава V

Графиня взглянула на своего мужа, графа Гольдауген (это был он), и поехала тише.

— Вам доктор запретил быстро ездить, — сказала она. — Поезжайте тише... Что вам нужно?

— Два слова, только.

— Ну?

— Кто он?

— Барон фон Зайниц.

— Фон Зайниц? Он? Так это фон Зайниц? Это тот человек, которого вы когда-то... любили?

— Может быть... Ну да, он. Так что же?

— Гм... Он и теперь красив... Зачем вы позволили ему кричать на себя? Какое он имеет право?

Граф помолчал, кашлянул и спросил:

— Пожалуй, вы его... можете и теперь полюбить? Ведь старая любовь может возвратиться?

— Дайте мне ваш хлыст! — сказала графиня и, взяв у мужа хлыст, сильно дернула за повода и помчалась по просеке. Граф тоже изо всей силы дернул за повод. Лошадь побежала, и он бессильно заболтался на седле. Бедра его ослабели; он поморщился от боли и осадил лошадь. Она пошла тише. Граф проводил глазами свою жену, опустил на грудь голову и задумался.

Дня через три Артур недалеко от домика лесничего Блаухера встретил Терезу. На этот раз она встретилась ему не амазонкой. Она гуляла в крестьянском платье. Платье имело вид обыкновенного, только что сшитого крестьянского платья, но было много дороже черной шёлковой амазонки. Вместо разноцветных грушевых гранат на шее ее висели бирюза, изумруды, кораллы и жемчуг. На каждой руке было по массивному браслету. Платье и венгерская куртка были сшиты из дорогой материи.

— Барон! — крикнула она, увидев Артура. — На минутку!

Когда он подошел к ней, она сказала ему:

— Вы вашими словами и уходом — помните? — задали мне задачу. Я вас поняла только после долгого размышления. Теперь я понимаю... Вы намекали на того старика... которого я ударила хлыстом! Да?

— Ну да... В чем же задача?

— Ну, вот! Понимаю теперь, про кого вы говорили... Мне нет надобности оправдываться перед вами, барон, но ради... ради удовлетворения нашего обоюдного чувства справедливости... Я его ударила за дело. Меня, по милости его, сбросила с седла лошадь... Я чуть не сломала себе ногу. И потом... он позволил себе смеяться...

Артур посмотрел в лицо графини и весело засмеялся.

— Полно лгать, ваше сиятельство! — сказал он. — К чему нам кормить друг друга ложью? Не нужно мне ваших оправданий... Да и к чему они? Я вижу первый раз в жизни ваши хорошенькие ножки, и для меня этого совершенно достаточно... Ножки ваши выше всякой критики! Пойдемте, погуляем. Прошу прощения за те дерзости, которыми я угостил вас около «Бронзового оленя». Пьян был...

Артур и Тереза гуляли долго. Беседовали они о самых обыкновенных вещах, много шутили, много смеялись... О старике-музыканте, его дочери, мудрых людях и «шарлатане» не было и помину. Барон не сказал ни одной колкости... Он был любезен, как в былые годы в Вене, в доме Гейленштралей. Когда он проводил Терезу к ее кабриолету, стоявшему недалеко от домика Блаухер, было уже совершенно темно.

— Вы меня поучите стрелять? — спросила Тереза, садясь в кабриолет.

— Сколько хотите...

— Пожалуйста, барон. Я ужасно скучаю. Если вы уменьшите хоть немного мою скуку — вы мне сделаете благодеяние... Честное слово. Поможем друг другу.

Тереза пожала Артуру руку и уехала.

Через четыре дня они опять встретились, а через полмесяца не было уже ни одного дня, в который они не встречались бы. Барон научил Терезу стрелять, и Тереза приезжала на охоту каждый вечер, а иногда и рано утром. Отношения их были самые неопределенные. Трезвый фон Зайниц поражал Терезу своею любезностью. Трезвый он говорил тихо, ласково, видимо избегая жестких слов, ласково улыбался, предупредительно подавал свою большую руку и говорил не как «дикий», а как истый дамский кавалер. Пьяный же фон Зайниц поражал своею грубостью, цинизмом, нехорошим смехом... Когда он был пьян, Терезе приходилось выслушивать от него самые невозможные вещи. Он смеялся над ней, посылал ее ко всем чертям, говорил, что презирает, ненавидит.

— Извиняю вам, фон Зайниц, — сказала ему однажды Тереза, — только потому, что вы пьяны. Лежачих, сумасшедших и пьяных не бьют...

— А-а-а-а... Вот как! Так знайте же, — ответил со смехом фон Зайниц, — что я говорю вам правду только тогда, когда я пьян. Когда я трезвый, я держу себя по отношению к вам подлым фарисеем. Не верьте мне трезвому!

— Нам не следует встречаться...

— Почему не следует? Встречайтесь! Вам скучно и мне скучно... В ссорах и в войнах время быстрей течет, чем в мирное время. Ха-ха! Судьба хорошо сделала, что пустила между нами черную кошку и поселила в нас неуважение к добродетелям друг друга. Вы не уважаете меня, потому что видите во мне шарлатана, я не уважаю вас, потому что вижу в вас только кусок хорошего женского мяса! Ха-ха!

Тереза пустила из глаз молнию, не сказала ни одного слова и уехала. После этой беседы Артур не видал ее целую неделю. На восьмой день он встретил ее и извинился.

Артур был пьян нередко. Тереза то и дело уезжала от него оскорбленной. Она уезжала, давая себе честное слово не встречаться с ним более, но...

Прошло лето, и наступила осень. С деревьев посыпались на влажную холодную землю пожелтевшие, отжившие свой короткий век, листья... Начались дожди. Осенняя грязь — не летняя: она не высыхает, а если и высыхает, то не по часам, а по дням и неделям... Подул ветер, напоминающий о зиме. Почерневший от непогоды лес нахмурился и уже перестал манить под свою листву.

Куртку из козьего пуха фон Зайниц заменил коротким драповым пальто на вате. Его сапоги потеряли свой блеск и покрылись грязью... На бледном лице его появился румянец от свежего, влажного ветра. Отношения его и Терезы не вылились еще в определенную форму. Беседы еще не окончились... Тереза чувствовала, что еще «не досказала», и ездила в лес по-прежнему.

Нужно было бежать от лесного холода, сырости и грязи... Судьба дала им убежище. Они стали встречаться в забытой, поросшей мохом и крапивою часовне, в саду графов Гольдаугенов. Страшные глаза недописанного святого Франциска каждый осенний вечер видели Артура и Терезу. При слабом мерцании фонаря они сидели на полусгнившей скамье и беседовали. Он, обыкновенно пьяный, сидел, зевал и злословил... Она, бледная, как мрамор, с высоко поднятой головой, уже успевшая привыкнуть к его языку, терпеливо выслушивала его и сама злословила. Когда он был трезв, пауки, приютившиеся по углам часовни, слушали сказания о былом, недалеком счастье и видели счастливую женщину.

73

Он, как старик, любил говорить о прошлом. В его голосе звучала старческая струнка: он ни о чем не жалел и был доволен одними только воспоминаниями. Она же, полная сил, молодости и желаний, сожалела о минувшем, и голос ее звучал надеждой. Она еще страстно любила барона фон Зайница...

В один из самых ненастных осенних дней Артур зашел к мадам Блаухер переждать дождь. Мадам Блаухер с улыбочкой подала ему пакет.

Когда он распечатал пакет, он засмеялся, как дитя, которому показали новую игрушку. В пакете была фотографическая карточка и письмо.

То и другое было от Ильки. Барон взглянул на карточку и сделал большие глаза. На карточке была изображена Илька, но не та Илька, которую он видел несколько месяцев назад, — нет: на карточке не было и намека на то бедное платьишко, которое когда-то обливалось горючими слезами оскорбленной Ильки. Не было видно и той грошовой бархатной ленточки, которая придерживала белокурые волосы. Артур увидел на карточке молодую аристократку, одетую в роскошное модное платье. Волосы, причесанные умелой рукой, были украшены соломенной шляпой. На шляпе были цветы и, насколько это можно видеть в фотографии, недешевые; улыбка на хорошеньком личике была гордая, надменная, но деланная.

— Дурочка! — сказал со смехом Артур и поцеловал портрет Ильки. — Дурочка ты! Ворона в павлиньих перьях. Ты надела богатое платье и глядишь победительницей! Поноси-ка это платье подольше! Увидим, что ты запоешь!

Письмо было написано уже знакомым почерком.

«Милый барон! — писала Илька. — Посылаю вам карточку и уведомляю вас, что мы с отцом Цвибушем живы и здоровы. Еще уведомляю вас, что я непременно буду иметь миллион. Буду иметь его очень скоро. Мы живем теперь очень хорошо. При свидании расскажу вам, что с нами случилось. Вы меня, наверное, уже забыли. Этим письмом я напоминаю вам о себе и прошу не забывать, что вы мне обещали. Я вас очень люблю. Я здесь вижу много баронов и графов, но вы лучше всех. Папа вам кланяется. Пишите мне по следующему адресу (следует длинный адрес). Пишите: надеяться мне или нет?

Ваша И.»

Барон, смеясь и не спуская глаз с карточки, попросил у мадам Блаухер бумаги и написал следующее:

«Здравствуй, Илька. Спасибо. Жду тебя с твоим миллионом. Не делай глупости. Будь умна и здорова. Поклон твоему старому, сто раз битому толстяку, которому выдай из твоего большого миллиона две-три золотые монетки на пропивку.

Твой жених — барон фон Зайниц».

Отдав это письмо мадам Блаухер для отсылки на почту, Артур сел за стол и принялся карандашом рисовать на портрете большой тюльпан. Карандаш был зачинен с обоих концов. Один конец был красный, другой синий. Ни тот ни другой цвет не ложились на эмаль карточки. Ильку не удалось посадить в тюльпане, несмотря на то, что Артур просидел за рисованием до тех пор, пока стало темно...

Глава VI

С Илькой же и ее отцом произошло нечто особенное...

Через неделю после встречи с бароном фон Зайниц, в один из самых жарких полудней, они сидели под навесом железнодорожной станции. Несмотря на сильный жар и духоту на станционной платформе было много публики: дачники, дачницы, помещики и пассажиры стоявшего на запасном пути поезда шныряли взад и вперед по платформе и наполняли собой все станционные постройки. Поезд, стоявший на запасном пути, был военный, а военные поезда стоят на станциях часа по два, по три... Зал первого класса был наполнен пьющими офицерами. В зале третьего класса гремел оркестр военной музыки, которая и привлекла на станцию массу публики.

Цвибуш и Илька сидели на площадке больших десятичных весов, отдыхали и поглядывали на публику: Цвибуш на солдат, пивших пиво, Илька рассматривала наряды. Возле них прохаживались пьяные офицеры и поглядывали на Ильку. Хорошенькая девочка им понравилась... Сначала вертелись возле нее младшие офицеры, после же попойки Илька увидала вблизи себя и старших... За полчаса от отхода поезда старшие и младшие офицеры сбились в кучу и, пуская в нее пьяные взоры, зашептались.

— Говорят о тебе, Илька! — сказал Цвибуш. — Давай сыграем им что-нибудь. Денег дадут. Кстати молчит тот скверный оркестр.

Цвибуш и Илька поднялись, настроили свои инструменты и заиграли. Илька запела. Офицерство заулыбалось... Илька пела, что нет никого на этом еноте красивее и храбрее австрийских военных, которые в минуту сумеют завоевать весь свет.

— Прекрасно! Бесподобно! — забормотали офицеры. — Старик, ты не пой! Ты только мешаешь своим козлиным голосом! Бесподобно!

— Идея! — крикнул офицер с большими седыми усами и хлопнул себя по кепи. — Клянусь честью, что это идея!

И, обратясь к своим товарищам, он начал шептать им что-то... Товарищи утвердительно закивали головами. Заручившись согласием товарищей, офицер с седыми усами подошел, покачиваясь, к Ильке, взял ее за загоревшую руку и сказал:

— Послушай, птичка! Мы хотим взять тебя с собою в поезд... Ты будешь нам петь и играть всю дорогу. Мы дадим тебе за это много денег. Согласна? — И, не дожидаясь ответа, офицер потянул ее за руку и повел к товарищам.

— Да, да... — заговорили пьяные офицеры. — Мы дадим много денег... Ну да...

— А куда вы едете? — спросила Илька.

— В Боснию, кажется... Мы сами хорошо не знаем.

— Нельзя! — сказал Цвибуш улыбаясь.

Но офицеры не слышали Цвибуша. Они отвели в сторону улыбающуюся Ильку и принялись уверять ее, доказывать... Один взял ее за подбородок.

Цвибуш, уверенный, что Илька не согласится, стоял в стороне и улыбался. Илька не согласится! На все подобные предложения она всегда отвечала до сих пор отказом. Она нравственная девушка. Но каковы были его испуг и удивление, когда Илька, звонко захохотав, вошла в вагон первого класса; она вошла и из окошка кивнула отцу... Отец побежал к ней.

— Я еду, отец! — сказала она. — Садись...

— Ты сумасшедшая! — сказал бледный Цвибуш, не решаясь войти в богатый вагон.

— Входи! — сказали ему офицеры.

Он, кланяясь и конфузясь, вошел в вагон и принялся убеждать Ильку. Но упрямая девчонка была неумолима.

— Я хочу иметь миллион! — шепнула она ему. — Если у меня не будет миллиона, я умру.

— Ты не получишь миллиона, сумасшедшая, но честь потеряешь! Ты потеряешь честь! Это безнравственно!..

— Не бойся, папа Цвибуш. Мужчины не увидят и не услышат от меня ничего, кроме музыки... Я решила.

Поезд двинулся с места, а старик всё убеждал ее, просил, умолял. Он даже заплакал раз.

— Это скучно, отец! — сказала она и отошла к офицерам.

Отец, бледный, вспотевший, с дрожащими пальцами и губами, забился в дальний угол вагона и, закрыв глаза, молился богу. Он не узнавал в этой веселой, слушающей офицерские пошлости Ильке свою кроткую, часто плачущую Ильку. Он не верил своим глазам и ушам... Непонятны, загадочны эти глупые девчонки!

Ильке отвели отдельное купе. Ей и ее отцу предложили роскошный завтрак, но они не дотронулись до него. В ближайшем городе, в котором поезд стоял два часа, один из офицеров съездил в магазины и купил Ильке новое платье, браслет и ботинки...

— За здоровье дочери полка! — крикнули офицеры, когда она вышла из купе в своем новом наряде. — У-р-ра-а!

Офицеры выпили и заставили Ильку петь. Она запела и пела до тех пор, пока полк не доехал до границы...

Таков был первый шаг на новом поприще, от которого глупая Илька ждала миллион. Этот шаг был удачен. Когда Илька, месяц спустя, бежала с Цвибушем от полка, она была одета в платье, которое обошлось офицерам в полторы тысячи франков. Она бежала в вагоне первого класса в обществе пяти молодых девушек, старухи с большим орлиным носом и толстого немца с большой лысиной. На пути немец раздавал свои визитные карточки, на которых было написано: «Иосиф Кельтер, содержатель оркестра и венгерского хора в Триесте». Старуха с орлиным носом была его компаньонка.

Глава VII

Упрямая девчонка бежала и еще раз, и этот «раз» был последним.

Была теплая апрельская ночь... Двенадцать часов давно

уже пробило, а в летнем помещении театра m-me Бланшар представление еще не кончилось. На сцене m-lle Тюрьи, профессор черной магии, показывала фокусы. Она из женской ботинки выпустила стаю голубей и вытащила, при громе аплодисментов, большое женское платье... Из-под платья, когда оно было опущено на землю и приподнято, вышел маленький мальчик в костюме Мефистофеля. Фокусы были всё старые, но их можно было смотреть «между прочим». В театре m-me Бланшар представления даются только для того, чтобы за рестораном сохранить название театра. Публика более ест и пьет, чем смотрит на сцену. За колоннами и в ложах стоят столики. Публика первого ряда сидит задом к сцене, потому что она лорнирует кокоток, которые занимают весь второй ряд. Вся публика скорее снует, чем сидит на месте... Она слишком подвижна, и никакое шипенье не в состоянии остановить ее хоть на секунду... Она двигается из партера в залу ресторана, из залы в сад... Сцену m-me Бланшар держит также и для того, чтобы показывать публике «новеньких». После фокусов m-lle Тюрьи должны были петь эти «новенькие». Публика в ожидании, пока кончатся фокусы, занимала места, волновалась и от нечего делать аплодировала женщине-фокуснику. В одной из лож сидела сама толстая Бланшар и, улыбаясь, играла букетом. Она убеждала «некоторых из публики», которые вертелись возле нее, что ожидаемые «новенькие» восхитительны... Ее толстый супруг, сидевший vis-à-vis, читал газету, улыбался и утвердительно кивал головой.

— О да! — бормотал он. — Недаром нам так дорого стоит этот хор! Есть что послушать и есть на кого посмотреть...

— Послушайте, — обратился к толстой Бланшар полный седой господин, — отчего это у вас сегодня в афише нет венгерских песен?

Толстая Бланшар кокетливо погрозила вопрошающему пальцем.

— Знаю, виконт, для чего вам понадобились эти венгерские песни, — сказала она. — Та, которую вам хочется видеть, больна сегодня и не может петь...

— Бедняжка! — вздохнул виконт. — Чем же больна m-lle Илька?

Бланшар пожала плечами.

— Не знаю... Как, однако, хороша моя Илька! Вы сотый человек, который сегодня за вечер спрашивает меня о ней. Больна, виконт! Болезни не щадят и красавиц...

— Наша венгерская красавица страдает очень благородным недугом! — сказал стоящий тут же в ложе молодой человек в драгунском мундире. — Вчера она говорила этому шуту, д'Омарену, что она больна тоской по родине. Фи! Посмотрите, виконт Сези! Какая... какая... какая... Прелесть!

И драгун указал виконту Сези на сцену, где в это время становился на место хор «новеньких». Сези взглянул на секунду, отвел от сцены глаза и заговорил опять с Бланшар об Ильке...

— Она смеется! — шептал он ей через четверть часа. — Она глупа! Вы знаете, что она требует с каждого за один миг любви? Знаете? Сто тысяч франков! Ха-ха-ха! Посмотрим, какой сумасшедший даст ей эти деньги! За сто тысяч я буду иметь таких десяток! Гм... Дочь вашей кузины, мадам, была красивее ее в тысячу раз и стоила мне сто тысяч, но стоила в продолжение трех лет! А эта? Капризная девчонка! Сто тысяч... Ваше дело, madame, объяснить ей, что это ужасно глупо с ее стороны... Она шутит, но... не всегда же можно шутить.

— А что скажет красавчик Альфред Дезире? — обратилась, смеясь, толстая Бланшар к драгуну.

— Девчонка дразнит, — сказал Дезире. — Ей хочется подороже продать себя... Она расстроит наши нервы и, вместо тысячи, возьмет две тысячи франков. Девочка знает, что ничто так не напрягает и не расстраивает эти скверные нервы, как ожидание... Сто тысяч — это милая шуточка.

В разговор вмешалось четвертое лицо, затем пятое, и скоро заговорила об Ильке вся ложа. В ложе было человек десять...

Во время этого разговора в одной из множества комнаток, на которые разделено закулисное пространство, сидела Илька. Комната, пропитанная запахами духов, пудры и светильного газа, носила сразу три названия: уборной, приемной и комнаты m-lle такой-то... У Ильки была самая лучшая комната. Она сидела на диване, обитом свежим пунцовым, режущим глаза, бархатом. Под ее ногами был разостлан прекрасный цветистый ковер. Вся комната была залита розовым светом, исходившим от лампы с розовым абажуром...

Перед Илькой стоял молодой человек, лет двадцати пяти, красивый брюнет, в чистенькой черной паре. Это был репортер газеты «Фигаро» Андре д'Омарен. Он по службе был постоянным посетителем мест, подобных театру Бланшар. Его визитная карточка давала ему бесплатный вход во все подобные места, желающие, чтоб о их скандалах печатались репортички... Скандал, описанный в «Фигаро», — лучшая реклама.

Андре д'Омарен стоял перед Илькой, покусывая свои усики и бородку, и не отрывал глаз от хорошенькой девочки.

— Нет, Андре, — говорила Илька на ломаном французском языке, — не могу я быть вашей... Ни за что! Не клянитесь, не ходите за мной, не унижайтесь... Всё напрасно!

— Почему же?

— Почему же? Ха-ха-ха! Вы наивны, Андре... Значит, есть причина, если вам отказывают... Во-первых, вы бедны, а я вам уже тысячу раз говорила, что я стою сто тысяч... Есть у вас сто тысяч?

— В настоящую минуту у меня нет и ста франков...

Послушайте, Илька... Ведь вы всё лжете... Зачем вы так безжалостно клевещете на себя?

— А если я люблю другого?

— А этот другой знает, что вы его любите, и любит вас?

— Знает и любит...

— Гм... Каким же должен быть он скотиной, чтобы допустить вас до театра жирной Бланшар!

— Он не знает, что я в Париже. Не браните, Андре...

Илька поднялась и заходила по комнате.

— Вы, Андре, — сказала она, — не раз говорили, что готовы сделать для меня всё, что угодно... Ведь говорили? Ну, так сделайте вот что... Сделайте так, чтобы ко мне не приставали мои поклонники... Они не дают мне покоя... Их сто, а я одна. Судите сами... И каждому я должна отказывать... А разве мне приятно видеть людей, огорченных моим отказом? Устройте, пожалуйста... Мне все эти ухаживанья, просьбы и объясненья ужасно надоели.

— Я устрою так, — сказал д'Омарен, — что никто не будет надоедать вам, кроме меня... Кроме меня?

Илька отрицательно покачала головой.

Андре побледнел и, следя глазами за ходившей Илькой, стал на колени.

— Но я люблю ведь, — сказал он умоляющим голосом, — я люблю нас, Илька!

Илька вдруг вскрикнула. Медальон, которым она <играла>, вдруг каким-то образом открылся. Ранее он, несмотря на все ее усилия, не мог быть открыт. Фон Зайниц, даря этот медальон, забыл сказать, что он имеет секретный замочек.

— Наконец-таки!— крикнула Илька, и лицо ее просияло радостью.

Теперь она может узнать, что в нем находится! Быть может, эта золотая вещичка украшается его портретом? И, надеясь увидеть благородное лицо с большой черной бородой, она подскочила к лампе, взглянула в медальон и побледнела: вместо бородатого лица она увидела женское, надменное, с величественной улыбкой. Илька узнала это лицо! На золотой рамочке, в которую был вделан портрет, было вырезано: «Тереза Гейленштраль любит тебя».

— Так вот как!?

Илька вспыхнула и бросила в сторону медальон.

— Так вот как!? Она любит его? Гм... Хорошо...

Илька упала на диван и нервно задвигалась.

— Она смеет его любить? — забормотала она. — Так нет же! Андре! Ради бога!

Репортер поднялся, похлопал рукой по коленям и подошел к ней.

— Андре... Хорошо, я буду вас любить, только исполните одну мою просьбу...

— Какую хотите! Тысячу просьб, моя дорогая!

— Я не хотела до сих пор делать это, но... теперь вынуждена... Выбираю вас своим мстителем... Вы были хоть раз на моей родине?

И Илька, облокотившись о плечо репортера, принялась шептать ему на ухо. Шептала она очень долго, с жаром, жестикулируя руками. Он записал кое-что в свою репортерскую книжку.

— Исполните? — спросила она.

— Да... Я ее ненавижу после того, что услышал от вас...

— Поезжайте сейчас же...

— Как же вы узнаете, исполнил я поручение или нет?

— Я поверю вашему честному слову, — сказала Илька.

— В свою очередь, Илька, дайте мне честное слово, что вы... не обманете меня...

Илька на секунду задумалась. Еще бы! Ей приходилось низко солгать, солгать человеку преданному, честному и... первый раз в жизни.

— Честное слово, — сказала она.

Репортер поцеловал ее руку и вышел. Через час он уже сидел в вагоне, а на другой день был вне Франции.

Выпроводив репортера, Илька вышла из уборной в фойе, уставленное столиками. Бледная, встревоженная, забывшая, что она в этот вечер объявлена больной, она заходила по всем комнатам. Ей не хотелось думать, но самые ужасные, беспокойные думы сменяли одна другую в ее горячей головке. Мысль, что ее барон любит или любил эту женщину, терзала ее. Когда она вошла в партер, взоры публики обратились к ней и к ложе мадам Бланшар, которая сейчас только утверждала, что Илька больна и лежит в постели. «Новенькие», подвизавшиеся в это время на сцене, вдруг услышали шипенье, свист, аплодисменты и принялись кланяться... но публика не им шикала и аплодировала...

— На сцену! Венгерские песни! — закричала неистовавшая публика. — Марш на сцену! Илька! Браво!

Илька улыбнулась, показала рукой на горло и вышла, предоставив толстой Бланшар самой ведаться с обманутой публикой. Она пошла в один из кабинетов ресторана, где обыкновенно ужинала с «друзьями». За ней последовали ее поклонники.

Ужин на этот раз вышел невеселый. Илька молчала и ничего не кушала. Вместо веселого смеха и ломаного французского языка, «друзьям» пришлось слушать одни только глубокие вздохи. Сези, главный заправила ужинов, тоже был угрюм.

— Чёрт бы побрал эти невинности с их невинными рожицами! — бормотал он, пожирая глазами Ильку. Дезире пил и молчал. В последнее время несчастный драгун стал задумываться... Ильке, которая требовала сто тысяч, он не мог предложить и двух. Его отец на днях умер, и имение поступило в распоряжение кредиторов. На бескорыстную любовь он не рассчитывал: он знал, что он некрасив и что эти девчонки корыстолюбивы...

84

Сын банкира Баха, Адольф, на обязанности которого лежало напаивать всех шампанским, сидел рядом с Илькой и фамильярничал. Он, как самый богатый, имел на это право... Он пил из Илькиной рюмки, шептал Ильке на ухо и т. п. Это фамильярниченье наводило еще большую тоску на ужинавших, которые терпеть не могли Адольфа Баха за его богатство.

В нескольких шагах от стола, за которым пили, у окна сидели два старичка. Один из них — фабрикант из Лиона, Марк Луврер, другой... В другом вы не узнаете нашего старого знакомого, скрипача Цвибуша, хотя это и он. Он сильно изменился. Он похудел, побледнел, и лоб не блестит уже от пота. В глазах апатия, покорность судьбе... Старый Цвибуш махнул на всё рукой... Всё пропало для него с его Илькой. На нем уже нет рубища. Белая сорочка с золотыми запонками и черный фрак облекают его всё более и более худеющее тело... С Луврером, одним из самых ярых поклонников Ильки, он беседовал... о литературе.

К трем часам все, за исключением Цвибуша, его дочери и Луврера, были уже пьяны. Хмель несколько расшевелил невеселых, угрюмых кутил. Безнадежная любовь разгорячила их пьяные головы. Языки развязались...

В четыре Илька уходила с отцом домой. До ее ухода каждый старался на прощанье сказать ей наедине несколько слов...

— Я вас люблю! — говорил ей каждый, и каждый сулил ей рай.

— Сто тысяч! — коротко говорила она.

В мае, в один из тихих вечеров, нашелся-таки, наконец, человек, который отдал ей сто тысяч и положил конец всей этой комедии. Человеком этим был драгун Дезире.

В три часа ночи, когда все были уже пьяны, в кабинет вошел драгун. Он был бледен и возбужден. Ни с кем не здороваясь, он подошел к Ильке, взял ее за руку и отвел в сторону.

— Я принес, — сказал он глухим голосом. — Бери... Знаешь, что я сделал? Я ограбил своего дядю... Завтра же меня отдадут под суд... Возьми! Согласен!

Из груди Ильки вырвался крик радости. У нее было уже сто тысяч! И в то же время лицо ее покрылось мертвенной бледностью: настала пора заплатить за сто тысяч...

Адольф Бах, который следил за движением Дезире, подошел к Ильке и, услышав слово «согласен», побледнел.

— И я согласен! — быстро сказал он и схватился за свой карман... — И я дам сто тысяч!

Дезире насмешливо улыбнулся. В мальчишке Бахе он не видел теперь достойного соперника.

— Я первый согласился... Вам, Бах, не мешало бы идти спать. Вас няня ждет.

— Я не сплю с нянями. Мне, Дезире, ваше лицо не слишком нравится. Оно слишком напрашивается на пощечину! Даю сто десять тысяч!

— Даю сто двадцать!..

Дезире украл у дяди ровно сто двадцать тысяч.

Сези, пьяный, пожирающий своими глазами Ильку, как змея — кролика, вдруг встал и подошел к Баху и Дезире.

— Вы... вы... соглашаетесь? — забормотал он. — Вы с ума сошли! Вы... вы... с ума сошли, мальчишки! Сто тысяч! Ха-ха-ха! Pardon, mademoiselle, но все-таки... согласитесь сами...

— Даю сто двадцать! — повторил Дезире.

— Даю сто двадцать! — сказал мальчишка Бах и захохотал. — Даю сию минуту наличными деньгами!

Сези пошатнулся. Он не хотел верить своим ушам. Неужели найдутся такие дураки, которые купят за сто тысяч женщину, которую он во всякое время мог бы купить за пять тысяч? И неужели ее купит... не он?

— Это невозможно! — закричал он.

— Даю и я сто двадцать! — сказал подошедший четвертый мужчина. Это был рослый, здоровый помещик

Арко из окрестностей Марсейля, очень богатый человек. Ему ничего не стоило бросить к ногам девчонки сотню тысяч. Недавно он лишился жены и единственного сына и теперь заливает свое горе вином и покупною любовью.

— И я согласен! — сказал серб Ботич, выдававший себя за секретаря какого-то посольства и прокучивавший ежедневно массы денег.

Сези принялся перелистывать свою записную книжку, записывать что-то, высчитывать. Карандаш так и ходил по бумаге.

— С какой же стати, господа? — бормотал он. — Неужели у вас деньги так дешевы? Почему же непременно сто двадцать, а не ровно сто? Тридцать... шестьсот... Почему же не ровно сто?

— Сто двадцать пять! — крикнул Бах, победоносно глядя на своих соперников.

— Согласен! — крикнул Сези. — Согласен! И я согласен, говорят вам!

— Я не хочу вашей прибавки, — сказала Илька Баху. — Возьмите свои пять тысяч назад. Я согласна и на сто двадцать... Только, господа, не всех... Один кто-нибудь... А кто же именно?

— Я, — сказал драгун. — Я первый дал свое согласие...

— Это пустяки! — заговорили другие. — Пустяки! Не всё ли равно, первый или второй?

— Это пустяки, — сказала Илька. — Как же быть, господа? Все вы одинаково мне нравитесь... Все вы милы, любезны... Все вы одинаково меня любите... Как быть?

— Бросить жребий! — предложил молодой человек, не принимавший участия в купле и с завистью поглядывавший на покупателей...

— Хорошо, бросим жребий, — согласилась Илька. — Согласны, господа?

— Согласны! — сказали все, кроме драгуна, который

сидел на подоконнике и безжалостно грыз свою большую нижнюю губу.

— Итак, господа, пишем билетики... Тот, которому попадется билет с моим именем, тот получает меня. Папа Цвибуш, пиши билеты!

Послушный, как всегда, папа Цвибуш полез в карман своего нового фрака и достал оттуда лист бумаги. Бумага была изрезана на квадратики и на одном из квадратиков было написано «Илька».

— Кладите, господа, на стол деньги! — предложила Илька. — Билеты готовы!

— По скольку нам класть? — спросил Бах. — Сколько нас? Восемь? Сто двадцать, деленные на восемь, будет... будет...

— Кладите каждый по сто двадцать тысяч! — сказала Илька.

— По скольку?

— По сто двадцать тысяч!

— Вы плохо знаете арифметику, моя дорогая! — сказал серб. — Или вы шутите?

— По сто двадцать тысяч... Иначе я не могу, — сказала Илька.

Мужчины молча отошли от Ильки и сели за стол. Они были возмущены. Сези начал браниться и искать шляпу.

— Это уж будет надувательство! — сказал он. — Это называется шулерничеством! Пользоваться тем, что у нас, дураков, пьяных ослов, взбудоражена кровь!?

— Я не даю ни одного сантима! — сказал Бах.

— Я не требую, — сказала Илька. — Однако же пора ехать домой... Ты готов, папа Цвибуш? Едем! Спрячь на память билеты.

— Прощайте! — сказали мужчины. — Поезжайте к себе в Венгрию и ищите там себе дураков, которые дадут вам миллион! Ведь вы хотите миллион? Поймите вы это, чудачка! За миллион можно купить весь Париж! Прощайте!..

Но всесильная страсть взяла свое... Когда Илька подала каждому свою горячую руку, когда она сумела сказать каждому на прощанье несколько теплых слов и спела «последнюю» песню, страсть достигла апогея...

В пять часов первый попавшийся навстречу официант вынимал из шляпы Баха бумажные квадратики... Когда взяты были все квадраты и развернуты, из всех мужских грудей вырвался смех. Этот смех был смехом отчаяния, смехом над безумством и сумасшествием судьбы.

Билет с именем «Илька» попался лионскому фабриканту, старому Марку Лувреру. Марк Луврер положил свои сто двадцать тысяч «шутя» и мог бы довольствоваться одним только поцелуем!

Глава VIII

Был морозный декабрьский вечер. На небе мерцали первые звездочки и плавала холодная луна. В воздухе было тихо — ни одного движения, ни одного звука.

Артур фон Зайниц шел по большой просеке «обедать». Шел он из часовни св. Франциска, где полчаса тому назад простился до следующего дня с Терезой Гольдауген. Зайдя по обыкновению в домик лесничего, он спросил письма. Блаухер дала ему два конверта: один очень большой, другой очень маленький. Маленький был из Парижа от Ильки. Зайниц не стал читать это письмо и сунул его в карман. Он знал его содержание: «Я люблю вас!» Новее и умнее этого Илька ничего не могла бы придумать. Адрес на большом был написан рукою Пельцера. Зайниц сунул бы и это письмо, если бы ему не бросилась в глаза надпись: «Ценные бумаги». Артур подумал и распечатал этот конверт. В нем нашел он завещание матери. Он начал читать это завещание. Чем более он углублялся в чтение бумаги, внизу которой когда-то подписалась дорогая, лелеявшая барона рука, тем удивленнее делалось его лицо. Мать завещала в его пользу всё и ничего в пользу сестры... Но к чему же Пельцеры прислали ему это завещание?

«Ага! — подумал он. — Покаялись! Давно бы так...»

Имение матери было невелико. Оно давало дохода не более десяти тысяч талеров в год. Но и такой сумме рад был Артур. И такую сумму ему приятно было вырвать из когтей скряги Пельцера, который готов из-за талера сделать какую угодно подлость.

Артур попросил у Блаухер бумаги и, сев за стол, написал Пельцеру письмо. Он написал, что завещание получено и что желательно было бы знать, какая судьба постигла те деньги, которые получались до сих пор с имения, завещанного ему матерью? Письмо было отдано фрау Блаухер, которая на другой день и отослала его на почтовую станцию. Через неделю был получен от Пельцера ответ. Ответ был довольно странный и загадочный: «Ничего я не знаю, — писал Пельцер. — Не знаю ни завещания, ни денег. Оставьте нас в покое...»

— Что это значит? — спросил себя Артур, прочитав ответ. — Довольно странно! Или он раскаивается, что прислал мне завещание? Гм... Постой же, коли так!

И Артур на другой день после получения ответа отправился в город и протестовал там завещание. Загорелся процесс.

Артур стал часто отлучаться в город. Он ездил сначала в суд, а потом к своему адвокату. Терезе часто приходилось сидеть одной в часовне св. Франциска и томиться ожиданием и скукой. Она сидела в часовне, глядела на страшные глаза св. Франциска и прислушивалась к шуму ветра... Какое счастье начинало светиться в ее глазах, когда в шуме вне часовни можно было различить шаги барона, и как мертвенно-бледна была она, когда поздно вечером выходила из часовни, не повидавшись с ним! Он приходил в часовню только подразнить ее, посквернословить, похохотать... Тереза с нетерпением ждала весны, когда опять можно будет сходиться под открытым небом.

Но весна принесла ей с собой несчастье...

Было тихое, теплое, весеннее «послеобеда».

Тереза сидела у «Бронзового оленя» и ожидала Артура. Она сидела на молодой, только что показавшейся травке и прислушивалась к шуму ручейка, который журчал невдалеке от нее... Солнце приятно грело ее красивые плечи.

«Придет или не придет?» — думала она. Артур весь отдался тяжбе и неохотно ходил к «Бронзовому оленю». Но в это «послеобеда» он пришел. Пришел он по обыкновению слегка пьяный, нахмуренный, недовольный.

— Вы здесь? — спросил он обрадовавшуюся при виде его Терезу. — Мое почтенье! Хорошо не иметь никакого дела! Честное слово, хорошо! Бездельники всегда гуляют и посиживают на зеленой травке...

Сев рядом с Терезой, он принялся с остервенением плевать в сторону.

— Вы сердитесь? — спросила графиня.

— На подлецов Пельцеров. Вы знаете, что они со мной сделали? То завещание, которое они мне прислали, фальшиво, как женщина. Оно подложное. Я протестовал его, и меня будут судить за подлог... Пельцеры смастерили ехидную штуку! Они пожимают плечами при виде этого завещания и знать его не хотят. Они сделали подлог, а я буду под судом! Чёрт возьми! Взяли с меня подписку о невыезде, и скоро начнет мне надоедать судебный следователь. Каково? Ха-ха! Барон фон Зайниц подделал завещание! Нужно быть мошенником Пельцером, чтобы изобрести такую ловушку! Ну, ваше сиятельство, — а вы? Я вчера слышал, что вы разведены с графом. Между вами всё уже кончено. Чего же ради вы сидите здесь? Отчего не уходите от мужа и тех мест, которые напоминают вам этого ненавистного человека?

— Я не хочу уехать отсюда, — сказала Тереза.

— Гм... Можно узнать, почему?

— Вы не знаете?

— Почём я знаю!

Наступило минутное молчание. Оба знали, зачем она еще здесь, зачем не оставляет этих мест, но Артуру нужно было помучить...

— Я... Вам неизвестно?.. Я люблю вас, — сказала графиня, и по ее гордому, строгому лицу разлился румянец. — Люблю вас, Артур... Не будь этой любви, я далеко была бы теперь от «Бронзового оленя».

Графиня подняла глаза на лицо Артура. Это лицо, пьяное, насмешливое, сказало ей истину. Молчание подтвердило ту же истину. Он не любил ее.

— Зачем же вы приходили сюда? — спросила она тихо, ломая пальцы. — Отчего вы не ушли от меня еще тогда, когда начинались эти свидания?

— Вам скучно было, — сказал Артур. — Я еще не перестал быть дамским кавалером и делаю всё, что угодно милым дамам. Ха-ха!

— Как это неумно!

— Очень жаль, что не могу отвечать любовью на любовь. Я люблю другую...

Артур полез, смеясь, в боковой карман, достал оттуда карточку Ильки и поднес ее к самым глазам Терезы.

— Вот она, моя любовь. Узнаёте?

— Это дочь того старика? Но отчего она так одета?

— Одета очень прилично... Прелестное личико!

— Она где теперь?

Артур промолчал. Эффект, на который он рассчитывал, не удался. Графиня при виде карточки не побледнела и не покраснела... Она только вздохнула и — странно! — в ее глазах засветилось доброе чувство при виде хорошенького, почти детского личика.

— Прощайте!— сказал Артур, — Adieu! Пойду читать законы. О Пельцер, Пельцер! Скажи я на суде, что завещание получил от него, надо мной захохочут!

Артур повернулся к Терезе спиной и, жестикулируя руками, зашагал в чащу леса.

Тереза пошла к своей лошади, которая стояла в стороне и лениво щипала молодую травку.

— Уедем и не будем сюда более приезжать, — сказала Тереза, гладя лошадь по лбу. — Нас не любят. Не будем просить милостыни.

И, вскочив на лошадь, Тереза помчалась к опушке леса. В ее глазах светилась решимость. Когда она въехала в калитку, ведущую к длинной аллее, о которой мы говорили в первой главе нашего рассказа, она услышала за собой шаги. Она оглянулась. За ее лошадью бежал какой-то незнакомый молодой человек с хлыстом в руке.

— На минуту! — крикнул он ей по-французски.

Графиня осадила лошадь и кивнула головой молодому человеку.

«Проситель, должно быть», — подумала она.

Репортер д'Омарен, улыбающийся и сияющий, подбежал к ней и, любуясь ее красотой, поднял хлыст.

— Вы так же жестоки, как и прекрасны! — сказал он... — Ничто не должно оставаться безнаказанным. Вспомните музыканта-старика и его дочь!

И графиня почувствовала на лице своем жгучую боль...

— Пусть будет так! — сказала она и дернула за повода.

Д'Омарен долго смотрел вслед прекрасной графине. Французу страстно захотелось поговорить с женщиной, которую он ударил и которая на удар ответила фразой: «Пусть будет так»; но, когда она скрылась с его глаз, он повернул назад и быстро зашагал к железнодорожной станции. Он исполнил данное ему поручение и ехал теперь за наградой...

Глава IX

— Вас ищет какая-то дама! — сказала однажды вечером фрау Блаухер Артуру, который зашел за письмами. — Она оставила записочку!

«Я остановилась в отеле „Большого якоря", — прочел Артур в записке. — Скорее приходите. Илька».

Артур отправился в город и ровно в полночь увидался с Илькой. Он захохотал, когда увидел ее. Как изящно она была одета и как непохожа на ту певунью, которую он когда-то встретил в лесу, всю в слезах!

— Есть миллион? — спросил он, смеясь.

— Есть. Вот он!

Артур вдруг перестал хохотать. Пред ним на столе разложили миллион, настоящий миллион.

— Чёрт возьми! — сказал он, не веря своим глазам. — Ты считаешь, дитя мое, на франки? Я забыл сказать тебе, чтобы ты считала на талеры... Но ничего... И эти деньги хороши! Где ты их взяла?

Илька села рядом с ним и рассказала ему всё, что произошло с ней после того, как она с ним рассталась.

— Ну? А что же ты сделала со стариком? — спросил Артур.

— Я напоила его морфием и в ту же ночь бежала без оглядки.

— Честно! — сказал Артур. — Ха-ха-ха! В другое время я высек бы тебя, но теперь будь баронессой фон Зайниц! Вот тебе моя рука! Завтра же идем к мэру!

На другой день фон Зайниц и Илька были у мэра. Илька сделалась баронессой фон Зайниц 2-го июня в половину десятого утра.

В два часа того же дня барон Артур фон Зайниц был лишен баронского достоинства: присяжные заседатели нашли его виновным в совершении подложного завещания... Пельцеры достигли своей цели.

На суде Илька увидела графиню Гольдауген.

Графиня сидела на одном из задних кресел в отдалении от зрителей и не отрывала глаз от подсудимого. С черной шляпы ее спускался темный вуаль. Она, по-видимому, хотела сохранить инкогнито. И только тогда, когда она, выслушав речь прокурора, проговорила вслух: «Как это глупо!» — Илька узнала ее по ее мелодическому голосу.

«Какое она имеет право смотреть на моего мужа?» — подумала Илька, бледнея от ненависти и в то же время торжествуя свою победу. Она теперь верила в эту победу: у графини был отнят любимый человек.

Подсудимый держал себя на суде очень странно. Он был слегка пьян — злые остроты так и сыпались с его языка. Игнорируя судей и присяжных, он молчал, когда следовало говорить, и говорил, когда следовало молчать. Прокурор был его университетским товарищем, но не пощадил его в своей речи. Он беззастенчиво копался в его прошедшем, которое знал как товарищ, описал парижскую жизнь, банкротство, безденежье, тягость, которую испытывал барон фон Зайниц благодаря этому безденежью, и кончил хвалебною песнью госпоже Пельцер, которая пожертвовала чувством братской любви в пользу чувства справедливости, возмездия за проступок...

— Она поступила, как примерная гражданка! — сказал он.

— Стыдно тебе, — сказал Артур. — Прежде, когда ты курил в университете мои сигары, ты не умел так лгать!

Только это и было сказано серьезно и искренно, остальное же, что говорил Артур, вызывало смех и председательские звонки.

Публика обвинительный приговор встретила аплодисментами. Она почти вся состояла из холопов Пельцера. Людям, которые симпатизировали Артуру, не нашлось места в суде. Все места были заняты приверженцами банкира еще рано утром. Артур выслушал приговор хладнокровно.

— Я знаю дорогу к императору, — сказал он, — и когда мне вновь понадобится баронство, я побываю у него. Вена, знающая меня, посмеется над этим приговором!

Горькое чувство, чувство стыда за людей и омерзение наполняли душу графини, когда она, оставив залу суда, садилась в коляску. При ней обвиняли в мошенничестве и осудили неповинного человека. Как легко обмануть этих простоватых толстых присяжных и как мало нужно для того, чтобы погубить человека!

— Я возвращу ему имя! — решила она, негодуя. — Он сказал им, что знает дорогу в Вену, но он не станет хлопотать из-за такого, по его мнению, пустяка, как доброе имя... И к тому же он лентяй, тяжел на подъем... Я похлопочу за него...

«Я подам ему милостыню, — добавила она мысленно, — и он, против желания, должен будет принять ее!»

На другой день она была уже в городском клубе на благотворительном балу и продавала билеты. В саду под навесом, устроенным из флагов, вьющегося винограда и живых цветов, стояло несколько столиков. На столиках стояли колеса с лотерейными билетами... Восемь очень красивых и очень нарядных аристократок сидели за этими столиками и продавали билеты. Лучше всех торговала графиня Гольдауген. Она, не отдыхая, вращала колесо и сдавала сдачу. Пельцер, который был на балу, купил у нее две тысячи билетов.

— Как поживает брат вашей супруги? — спросила Пельцера графиня, получая с него деньги.

Пельцер вздохнул.

— С ним, бедняжкой, случилось два несчастья, — сказал он. — Он женился и... сегодня он уже не барон...

— Слышала... Где теперь его жена?

— Она здесь. Вы и не видели? Смешно! Ха-ха... Она

96

баронесса... Повенчайся они несколькими часами позже, она была бы теперь только бюргерша Зайниц...

Графиня, вглядываясь в лица всех проходящих, начала искать глазами Ильку.

Илька была на балу. Она с высоко поднятой головой и гордой, надменной улыбкой уже прошла раз мимо графини. Графиня была занята торговлей и не заметила ее. Она прошла в другой раз, окруженная толпой любопытных, засматривавших ей прямо в хорошенькое лицо. Графиня вскинула на нее глаза и, по-видимому, не узнала ее. Когда она проходила третий раз, глаза их встретились.

Графиня смутилась и, к великому удовольствию Ильки, уронила на пол деньги. Несколько монет соскользнуло с ее задрожавших рук и со звоном покатилось по полу.

Илька подошла к столу графини и, глядя ей прямо в лицо, взяла несколько билетов.

— Я хочу пожертвовать в пользу школы одну маленькую вещь, — сказала она и, не дожидаясь ответа, сунула в руки графини золотой медальон. Графиня взяла в руки знакомый ей медальон, раскрыла его и улыбнулась. Ее лицо было поцарапано булавкой.

— Обратитесь с этой вещью к администрации клуба, — сказала она, подавая Ильке медальон. — Наше дело только продавать билеты...

И, мило улыбаясь, графиня добавила:

— Pardon, мне некогда!

Улыбка и хладнокровие графини смутили Ильку. Она, не привыкшая к подобного рода стычкам, сконфузилась и отошла от столика. Ей стало досадно и стыдно: стоящие около столика графини заметили ее смущение, переглянулись и улыбнулись. Эти недоумевающие улыбки кольнули Ильку в самое сердце.

— Позвольте пройти, — сказала она молодым людям, которые стеной остановились перед ней и с любопытством смотрели на нее.

Молодые люди почему-то вдруг засмеялись. Послышался такой же смех и сзади. Илька оглянулась и увидела такую же толпу молодежи.

— Позвольте пройти! — повторила Илька.

Послышался вновь смех, и большая пивная пробка ударилась о розовый лоб Ильки. Другая пробка ударилась об ее правое плечо...

— Ха-ха... Ура! Баронесса фон Зайниц, супруга разжалованного мошенника! — крикнул кто-то, и послышалось шиканье...

Третья и четвертая пробки, обе вместе, ударили ее по лицу. Она, униженная и оскорбленная, готовая упасть в обморок, посмотрела на графиню, и ей показалось, что графиня смеется... У Ильки помутилось в глазах. Закружившуюся голову сильно потянуло вниз.

— Артур! — крикнула она.

Никто не откликнулся на этот зов. Разжалованный барон был далеко. Он, пьяный, лежал под кустом, недалеко от домика Блаухер, и видел во сне свой миллион...

Графиня, которую не узнали помутившиеся глаза оскорбленной девушки, подошла к Ильке и, обхватив ее плечи, вывела ее из толпы.

— Пустите меня! Я хочу ее убить! — крикнула Илька и лишилась чувств.

Когда она очнулась, она увидела себя в маленькой комнате, обитой малиновым бархатом. Она лежала на диване. Возле нее сидела девушка с флаконом в руках...

— Где мы? — спросила Илька.

— В клубе, сударыня, — ответила девушка.

Звуки мазурки, донесшиеся до ушей Ильки, подтвердили слова девушки. Илька подняла свою отяжелевшую голову и, немного подумав, вспомнила всё происшедшее.

— Принесите мне маленькую рюмку рейнвейна, — сказала она девушке.

Девушка вышла. Илька быстро достала из кармана портмоне. Из портмоне Илька вынула маленький флакончик, в котором был морфий. Этим морфием она так недавно еще угостила старика Луврера! Теперь она угостит им себя за то, что так близко к сердцу принимает оскорбления, которые наносят ей люди... Морфий весь, сколько его было в флаконе, был принят. В ожидании вечного сна Илька склонилась на бархатную подушку и принялась думать... Ей не жалко было бесцветной жизни. Ей жаль было оставлять папу Цвибуша — только его одного! Артура, который любил вино больше, чем свою молодую жену, ей не жаль.

— Как вы себя чувствуете? — услышала она мелодический голос.

К ней наклонилась вошедшая графиня, ее злейший враг... Илька увидела пред своим лицом блестящие глаза и два розовых пятна на щеках.

— Д'Омарен!— прошептала она, увидев на левой щеке чуть заметную красную полосу.

— Те, которые вас обидели, будут наказаны, — сказала графиня. — Их нанял Пельцер, который ненавидит Артура... Я накажу негодяя Пельцера... Я сильна... Вы еще сердитесь на меня?

Илька отвернула в сторону свое лицо.

— Ты еще сердишься, Илька? Ну... прости меня... Я виновата... Я оскорбила и твоего отца и тебя... Каюсь в этом и прошу прощения.

И Илька почувствовала на голове своей поцелуй.

— Я тебя долго искала... Я не знала покоя ни днем ни ночью, встретившись с твоим взглядом в тот несчастный день... Твои глаза жгли меня во сне...

Илька вдруг заплакала.

— Я умираю, — прошептала она, засыпая под звуки нежного голоса своей кающейся соперницы.

— Прости же меня, Илька, как я простила тебя...

Илька протянула руку и коснулась шеи графини... Графиня нагнулась к ней и поцеловала ее в губы.

— Я умираю, — прошептала Илька. — Я приняла... мор... На ковре...

Графиня нагнулась и увидела на ковре флакон. Она поняла всё. Через минуту в клубе был отыскан врач и приведен к Ильке. Врачу удалось только, благодаря присутствию флакона, констатировать отравление, поднять же на ноги уснувшую Ильку не удалось...

Репортер д'Омарен прибыл из Венгрии в Париж как раз в ту ночь, когда была разыграна Илька. Не найдя в нумере, в котором жила певица, никого, кроме крепко спавшего на кресле Луврера, он побежал к Баху. Бах рассказал ему всё, что произошло во время его отсутствия.

— Она бежала! — решил репортер и на другой день поехал опять в Венгрию, где надеялся получить плату за свою службу.

В Венгрии он узнал о смерти любимой женщины. Весть об этой смерти была жестокой платой, свалившей его на постель. Провалявшись в горячке, он поселился в гольдаугенском лесу и, собирая со всех сторон сведения, написал повесть о красавице Ильке. Проезжая в прошлом году чрез гольдаугенский лес, я познакомился с д'Омареном и читал его повесть.

www.ingramcontent.com/pod-product-compliance
Lightning Source LLC
Chambersburg PA
CBHW020705260626
47157CB00008B/3144